JN096496

センスいい人がしている80のこと

有川真由美

扶桑社

センスいい人がしている80のこと

はじめに

だれもが程度の差はあれ、「センスがある人はいいな」と思うことがあるのではないでしょうか。

もし、あなたが、そう思ったとしたら、伝えたいことがふたつあります。

ひとつ目は、センスとは、生まれながらにもっているものだけではなく、後天的に身につけられるということ。どんな人でも、何歳からでも。

もちろん、幼い子供でも絵や音楽、運動など、天性の才能というものはあるでしょう。しかし、どんな才能も続けなければ、生かされません。

反対に、最初はそれほどではなくても、続けているうちに開花していくことがあるのです。
とくに見た目や振る舞い、言葉や仕事など社会性をもったセンスは、後天的に身につけるものばかりです。

そして、ふたつ目。あなたは〝センスの原石〟があるからこそ、「自分はセンスに自信がない」などと気づけるのです。

センスとは、もののよし悪しがわかること。見た目や振る舞いなど、目も当てられない人は、「自分のセンス」に自覚もなく、この本を手に取ることもないでしょう。

心配には及びません。たとえば「この服はいいデザイン」「あっちは野暮ったいデザイン」「この言葉は美しい表現」「あれはありきたりの表現」など、よし悪しをジャッジ（判断）することの積み重ねで、だれでも変わることができるのです。

センスとは、とても〝感覚的〟なものです。

自分がいいと思うものを感覚的に選ぶこと。ただしそれは決して独りよがりではなく、まわりから好印象をもたれる感覚も含まれています。

ゆえに、そこには〝知性〟が大きく関係しています。

「最高・最適なものを見つけよう」という美意識、「なにがよくて、なにがいけないのか?」「どうすればいいのか?」といった試行錯誤、「まわりから見たらどうなのか」という配慮や客観性など、〝考えること〟の積み重ねで、感覚的なジャッジは研ぎ澄まされていきます。

たとえば日々身につける服も「なんでもいい」と、考えることを放棄してきた人は当然ながら、ただ「高価なものを自慢したい」「負けたくない」「若づくりしたい」と歪んだ選び方をしてきた人も、やっていることがどこかチグハグで、「センスがない」という印象として外に伝わることになります。

センスのいい人は、とても純粋。ものの選択から人生の選択まで、ワクワクしながら自分を喜ばせてくれるもの、人に喜んでもらえるものを見つけようとします。

個人化が進み、変化の激しい時代、「なにを感じ、なにを選ぶか」というセンスはなにより頼りになります。やりたいことを叶えていくため、自分を輝かせるための最高の武器。繰り返しますが、それはどんな人でも意識することで身につけることができるのです。

あたりを見回すと、「センスがいいな」と感じる人はたくさんいます。

私がいろいろな国を旅したり、さまざまな仕事をしたりしているなかで、「この人のセンスは、研ぎ澄まされている」という人は、「その人らしさ」というスタイルが見えやすく、自分の美学、世界観が確立していることを感じました。

この本ではそんな「センスいい人がしていること」をお伝えしたいと思います。

「やろうと思えば、わりと簡単にできる」というものばかりを集めました。

あなたのスタイルに合って、すぐにできそうなことから、一日ひとつでも実行してみてください。

「なんだかいい感じ」という新鮮な快感を得られたとしたら、それこそがセンスが磨かれているということなのです。

そして、いくつか実行していくうちに、こんな変化が起こるはずです。

■「自分の好きなもの」がハッキリ見えてくる
■「人は人、自分は自分」でいいと思えてくる
■「なりたい自分」に近づき、自分が好きになれる
■センスのいい人たちと共感し、つながることができる

- 結果はともかく、新しいことに挑戦したくなってくる
- 日々の情緒を味わい、毎日がワクワク楽しくなってくる
- 自分自身について、うまく語れるようになる

この本が、あなたの「自分なりのセンス」と向き合うきっかけになれたら、ほんとうに幸せ。ゆっくり楽しみながら磨いていきましょう。

生きていることは、すでにセンスの原石を授かっているということです。まだ見ぬセンスは、いまもあなたに発見されたがっているのです。

目次

第1章 センスのいい暮らし

第2章

見た目で感じるセンス

第3章

センスのいい人のお作法

第4章

言葉が伝えるセンス

第5章

センスのいい人は遊びがうまい

第6章

センスのいい人づき合い

第7章

仕事だってセンスよく

第1章

センスのいい暮らし

01

ただ「好きだから」で選ぶ

大きなものを買うときほど、ただ「たまらなく好き！」「カッコいい！」という〝一目惚れ〟に近い感覚で選んだほうが、間違いがないのです。

これまで国内外で、さまざまな人の暮らしに触れてきましたが、「センスがいいなぁ」と感じる人は、とことん自分の〝好き〟や〝美学〟を貫いている人たち。

「ここにあるものは、ぜんぶ、私の大好きなもの。素敵でしょう？」という選び方をしています。「安かったから」「無難だから」「みんなが持っているから」「流行っているから」「価値が上がりそうだから」なんて理由で選ぶ人はいません。

「ただ、好き」「ただ、カッコいい」というのは、理屈ではなく、自分の心にグッと響いて、いちばん自分を幸せにしてくれるものといえます。

「このチェアの流線型のフォルムがカッコよくて、そこにあるだけで惚れ惚れする」

「この木製のミルを使って、コーヒー豆をガリガリと手で挽くのが好きなんだ」

「この美しい陶器の皿に料理を盛ると、数割増しで美味しそうに見えるのよ」

というように、ものだけでなく、ものを使っている自分や、日々の生活が華やいでくるのです。好きなものは、値段や機能性、使いやすさなどマイナス点があっても、「だって好きなんだから」で、どんな選択も〝正解〟にしてしまう力があります。

反対に、「安かったから買った」「流行っていたからとりあえず」と選ぶ人は一貫性がなく、マイナス点が出てくると、すぐに使わなくなるのがオチなのです。

ただし、「好き」を貫くのは、容易ではありません。「どんな自分でいたいのか？」「どんなライフスタイルを送りたいのか？」と真剣に自分に向き合う必要もあるからです。他人に追随せず、合わないものはバッサリと切り捨てる覚悟も必要です。

ものを選ぶことは、人生を選ぶことでもあります。慣れないうちは「シンプルがいい」「古いものが好き」など自分の感性を言語化してみるといいかもしれません。

02

本物との出会い方

「センスがいい人」は、例外なく、上質なものに触れようとする習慣があります。

単純に「価値あるものに出会いたい」という好奇心もありますが、いいものに触れることで美しいもの、価値があるものを見極める〝審美眼〟が養われるからです。

もののよし悪しが判断できるようになると、生活や人生がゆたかになるだけでなく、〝本物〟を見抜く力ができて、雑多な誘惑に惑わされなくなります。

上質なお菓子、食材、料理、食器類、衣服、家具、音響、芸術など、どんなものにも本物はあるもの。手に入れなくても、触れて感じる機会はいくらでもあります。

たとえば、老舗星つきホテルのラウンジでお茶をすると、そこのソファがどんなものを使っていて、座り心地はどうなのか？　ティーカップは？　照明は？　音楽は？　スタッフのサービスは？　とさまざまな感動や気づきがあるはずです。

そんなときに「やっぱ、高級品は違うね」「一流のサービスはさすがだ」で終わるのではなく、「なにが違うのか？」「なんで違うのか？」と考える癖をつけるだけで、感覚と知識が日々重なって、審美眼は天と地ほどの差になるでしょう。

先日、農家からいただいた新米が、ツヤツヤして驚きの甘さだったので、「人生史上、最高かも。なんでこんなに美味しいの？」と聞くと、「よくぞ気づいてくれました。水ですよ。うちの田のなかでもいちばん山に近くて、質のいい山水が流れる一区画で育った米です」という答え。ひとつ知識と感性を身につけたのでした。

上質なものは、ブランドや老舗、有名店の品だけでなく、地方の高齢者が作る梅干しや味噌、玄関のしつらえなど、あらゆるジャンルにあります。

人を感動させる質の高さは一朝一夕にできるものではなく、また「違いのわかる」審美眼も、上質に触れる体験を重ねなければ身につかない。センスとは、そんなふうに体全体に蓄積したデータベースからの、感覚的なアウトプットなのです。

03

普段の生活に、少しだけ背伸びしたものを置く

ちょっとした背伸びは、普段の生活にこそ必要なのです。

なぜなら、それは毎日、私たちを幸せにしてくれるものだから。

旅をするように住まいを転々としてきた私が、初めていい家具を買ったのは、10年ほど前。家具屋さんで、デンマークの「ルイスポールセンPH5」というペンダントライトに一目惚れ。当時の私は「照明に10万円以上払うなんて贅沢すぎる」と思いつつ、何度も見に行き、やっぱり、どうしても欲しいと購入したのでした。

もっとも美しい黄昏時の光に調和するようにと、66年前にデザインされたライトは、いまも我が家の中心にあり、視界に入るたびに、幸せな気分になります。そこ

からテーブルや椅子、ラグなど、少しだけいいものを、少しずつそろえるようになり、気がつけば、家がどこにいるよりも心地いい空間になっています。

上質なものがあると、少しだけ生活もしゃんとなるものです。気に入って買った良質な器には、きれいに料理を盛りつけたくなるし、「いただきます」と手を合わせて、丁寧に扱いたくなる……などと、美しいものを求めるようになってきます。

〝少しだけ〟背伸びする感覚が大事で、高価すぎるインテリアやブランドの服など、大きく背伸びするものは野暮で、カッコ悪いもの。少しだけ背伸びをしたものを使っていると、いつの間にか背丈が高くなり、心持ちも変わっていくのです。

「なんでもいい」と適当なものばかりに囲まれていると、ついつい扱いが雑になって、部屋も雑然としてくる。心からは満足していないので、使わなくなったり、何度も新しいものを買ったりして、結果的に高くつくことにもなります。

使用頻度の高いものから買い替えるタイミングで、少しだけいいものにしてみませんか。

思った以上に満足度が高く、センスのいい暮らしに近づいていくはずです。

04

私だけの「センスのお手本」を見つける

センスを磨きたいなら「この人は本当にセンスがいいな」と思う人をお手本にするのが近道。すべてが参考にならなくても「このインテリアの色の組み合わせはいいな」「こんなコーディネートはおしゃれ」「こんな素敵な時間を過ごしたい」など、その人たちの〝美意識〟を集めて、自分だけの参考書をつくるのです。

私がお手本として尊敬するのが、昭和の脚本家、作家の向田邦子さん。文章もライフスタイルもセンスがいい。『手袋をさがす』というエッセイには、気に入った手袋が見つからずに、ひと冬を手袋なしで過ごしたことが書かれています。気に入らないものをはめるくらいなら、はめないほうが気持ちいい。惨めったらしく見えるのが嫌で、ポケットに手を入れずに颯爽と歩くという〝美意識〟です。

「かごしま近代文学館」には、向田邦子さんが実際に使っていたソファや文具、食器など、気に入ったものばかりを一つひとつ集めた暮らしが再現されています。原稿執筆のときに身にまとうのは「勝負服」と呼ぶ、袖口がきゅっと絞られて、ゆったりしたデザインのシャツ。肌触りのいい生地で何枚も仕立てています。

おしゃれで食いしん坊で、自分の目に適った「いいもの」が大好き。少々散らかっていても人を招き入れて、楽しそうに料理を振る舞う。私はそんな美意識だけでなく、仕事への熱量や、生活を楽しむ工夫など〝精神性〟をお手本にしたいのです。

センスのいい友人からも、衣食住のノウハウを学びますが、いちばん刺激を受けるのはその心持ち。そんな人は、基本的に前向き。自分の「好き」に正直で、大胆な発想と繊細なこだわりがあって、それを実現するバイタリティもあります。

「カッコいいな」「素敵だな」「真似したいな」とお手本にしたい人を心に置くだけで、選ぶものや、心持ちが変わってきます。それは、折に触れて「あの人ならどうするだろう?」と自分の頭のなかにない視点が加わってくるからだと思うのです。

05

旬の食材から、献立を考える

野菜でも魚でも、旬の食材から献立を考える人には、こだわりを感じます。「いま、新玉ねぎが甘くて美味しいから、ポトフでも作ろうかな。薄切りしてサラダにするのもいいかも」「新鮮なイワシが売ってるから、生姜煮なんていいね」というように、買い物に行って、その季節、そこにある食材をどう料理するかを考えれば、レシピが絞られてすぐに決められ、献立に困ることはありません。レシピ本などを見て「あれがない、これがない」と八百屋やスーパーを何軒も駆け回る必要もないでしょう。

旬の食材の魅力は、ほかの季節やハウス栽培のものに比べて、「味と香りがいい」

「見た目がいい」「栄養価が高い」「手に入りやすく安価」などが挙げられます。

なにより、旬のものには、その季節に体が欲する成分が多く含まれているのです。

春には体の毒素をデトックスするもの、夏には体を冷やして活力を与えてくれるもの、秋は夏の疲れを癒やして免疫力をつけてくれるもの、冬は体をあたため、栄養を蓄えるもの……と、自然の神秘的な摂理のなかにあるのが旬の食べ物。体の声に敏感になると、旬の野菜や果物、魚が食べたくなってくるはずです。

採れたての新鮮な食材は、すでに味が濃くて旨味もあるため、味つけや調理をやや控えめにして、素材のそのものの味わいを楽しむのが最上。また、季節の伝統食、土用の丑の日の「ウナギ」、十五夜の「栗ご飯」、冬至の「かぼちゃ」なども、日々の暮らしをゆたかに盛り上げてくれます。

「お、初物のタケノコ！」「この時季のスイカがいちばん」などと味わうのは、天からの恵みをいただいているような至福のひととき。隣の芝生をうらやんだり、高価なものを求めたりするよりも、足元のゆたかさに目を向けて、どう料理しようかとワクワクする人は、間違いなく毎日を楽しめる人だと思うのです。

06

「違うもの」はあっさり手放す

料理研究家の友人が自宅のキッチンで「このピーラー（皮むきの調理道具）のメーカーが好きで、使いやすいんだけど、持ち手のパステルピンクが許せないの。ほかの色ができたら即刻、入れ替えたい」とつぶやいたことがありました。

見ると、素敵なキッチンは、木目調の家具をベースに、雑貨類はシルバーと白で統一されていて、たしかにパステルピンクだけ違和感がある。「〝違うもの〟は置きたくない」という美意識が、独自の世界観をつくっているのです。

彼女のインテリアは、日本の骨董家具やミッドセンチュリー家具、旅先で買ってきた雑貨などあれこれ混ざっているけれど、ちゃんと統一感があるのは、色のトーンや落ち着いた雰囲気でまとまっていてそれを邪魔するものがないからでしょう。
そんな人の家は、シンプル、雑多、派手、地味、きれい、カッコいいなどテイストが違っても、共通しているのは〝統一感〟。違う色や素材、雰囲気を組み合わせるにしても、うまく調和がとれているのです。

フランスで日本のアニメキャラクター「ピカチュウ」が好きだという若者の家に行ったとき、ピカチュウのポスターが、モダンな雰囲気の部屋に合うフレームで飾られていて、「ピカチュウがカッコいい!」と感動したことがありました。

独自の世界観をもっている人は、「ちょっと違う」と感じたら、あっさり手放すか、招き入れるときは、そこに馴染むように工夫しています。

ものだけでなく、時間の使い方、人づき合いでも「ちょっと違う」という心の違和感に敏感。「これはやらなくてもいい」「割り切ってやる」「距離をもってつき合う」など主体的に調整していく。手放すことはときに痛みを伴いますが、暮らしの心地よさや進歩は、なにかを手放さなければ、手に入れられないのです。

「ちょっと違う」という感覚は、いつも大切にしたいものです。

07

自分のもてる〝キャパシティ〟をわかっておく

インテリアコーディネーターの友人がこんなことを言ったことがありました。

「みんな〝もの〟を持ちすぎ。愛の反対は、無視。存在さえも忘れている愛のないものは手放さなきゃ。ほんとうに大切なものを大切にできなくなるでしょう？」

あなたにもありませんか？　たくさん服があるようだけれど、いざというとき着ていく服を選べないこと。しまい込んでいるものを忘れて、新しいものを買ってしまうこと。片づけをおろそかにして、ものを探すのに時間を浪費してしまうこと……。

それらは、抱えられるキャパシティ（容量）を超えてしまっているからです。

「これ、高かったから」「いつか使うかもしれないから」と、〝過去〟の執着と〝未来〟の不安があれこれ重なって、〝いま〟の心がずっしりと重くなっているのです。

心が重くなったら、キャパオーバーのサイン。人それぞれの「これくらいがちょうどいい」という〝心のものさし〟があるもの。適量を持つことで、余計なことに気を取られずに、いまに集中できるわけです。

私は1週間以上の海外旅行でも、スーツケースは小さめにして「機内に持ち込める量」「抱えて階段の上り下りができる量」と決めています。それ以上になると、颯爽と歩けないばかりか、預けてロストバゲージを心配したり、見知らぬ人に持ち運びを手伝ってもらったりして、旅の一瞬一瞬を楽しめないからです。

食器の量、服の量、本の量など所有する量も一定数を超えると、使わないものが出てきます。本棚に新しい数冊を入れたら、その分、数冊は処分する（捨てる・売る・人にあげるなど）というように、量を絞ったほうが管理もラクなのです。

ものだけでなく、人づき合いや仕事、遊びも詰め込みすぎると、心が乱れてきます。大切な人や事柄に絞って、腹八分目くらいで余裕をもたせるのが、楽しむコツ。「量を減らして、質を高めること」で、センスは磨かれていくのです。

08

部屋のティッシュは専用ボックスに入れる

雰囲気がある人の家で、ほとんど見ることがないのは、むき出しのティッシュ箱。味のある木材、レザー、ブリキの専用ボックスや、きれいな柄の布カバーなどで隠して、単なるティッシュではなく、インテリアとしてそこに存在しています。反対に素敵な部屋でも、メーカー名が入ったティッシュ箱が無造作に置かれていると、せっかくの雰囲気が台無し。意外なところで生活感が出てしまうのです。

おしゃれな人は、自分のためにも「見たいモノは見せる、隠したいモノは隠す」を分別しているもの。とくに生活感の出るもの、商品名など文字がついたものは美しく見えないので、なるべく隠そうとします。料理道具など見せる収納をするときは、デザインが優れているものや、並べ方や統一感など見た目にはこだわります。
ほかにも、こんなところも見せないよう気をつけています。

■コード類は隠すか、まとめる
■ゴミ箱のゴミは蓋や配置で見えないようにする
■玄関の靴、スリッパはすぐに履くものだけ
■冷蔵庫に貼り紙はしない、または美しいものだけ
■テーブルの上にはなにも置かない

生活感にあふれた部屋は、あたたかみはありますが、だらしなく見えたり、どんどん散らかったり、ものが増えるのにも拍車がかかってしまいます。自分自身が「いい部屋だなあ」と心から満足して、その空間で毎日をきちんと過ごすためにも、部屋から不要な生活感をなくすことは有効です。

ある若い女性は「壁の換気扇が見えるのが気になったので、それに似たレトロな壁掛け式CDプレーヤーをすぐ近くに置いたら、馴染んで気にならなくなった」と言っていました。美しい暮らしをしようとする美意識は、明るくたくましいのです。

09

〝さしすせそ〟の調味料にこだわる

「〝さしすせそ〟の調味料だけは、いいものを使いなさい」

そう教えてくれたのは、田舎暮らしをしていたとき、近所に住む80代のクニさんでした。お煮しめ、巻き寿司、豚汁、漬物、佃煮、ふりかけ、梅干し……クニさんの料理はシンプルだけれど、料亭で味わうような洗練された味。私は「クニさんは本物の味を知っている」と弟子志願して、習いに行っていたのです。

クニさんが言う「〝さしすせそ〟の調味料」とは、砂糖、塩、酢、醤油、味噌の基本的なもので、「いい調味料」のいちばんの条件は、天然素材の原料から作った無添加の調味料であること。「人工的に旨味や甘味を出したり、色を加えたり、長もちさせたりした調味料は、舌がチクチクするし、味が食材に馴染まない」のだとか。

こだわって作られた調味料は味や香りがしっかりしているため、少ない量でも、きちんと味がつきます。最初は物足りなく感じても、無添加に慣れてくると、舌も体も敏感になるからか、化学的に合成された味を受けつけなくなってきます。

私は「食塩（精製塩）」を、大量製造したものから、昔ながらの製法の「天然塩」に替えただけで、新鮮な生野菜に塩を軽くつけるのが、いちばん美味しいと感じるほどになりました。

砂糖は主にきび砂糖、醤油や酢は老舗の蔵元、味噌は地域の物産品などにすると、いつものレシピが「こだわりの味」に激変します。それぞれ数百円高くても、一回買うと数カ月はもつので、その幸せ度アップに対してのコスパも断然いいのです。

調味料にこだわる人は、料理の上手下手にかかわらず、「さすが。よくご存じですね」と一目置きたくなります。一つひとつの食材や料理を丁寧に味わおうとする気持ちが感じられて、こちらまで心があたたかくなってきます。天然の調味料に替えることは、味覚を養うためにも、ぜひ試してほしいことのひとつです。

10

気分を上げる「お気に入りのもの」を飾っている

自分の部屋や家が好きな人というのは、家を訪問すると、よくルームツアーをしてくれます。大抵は部屋にひとつは、インパクトのあるもの、魅力的なものがあって、「これ、なに?」と聞くと、本当に嬉しそうに説明するのです。

「その食器棚はね、祖母の70年前の嫁入り道具なのよ」

「その油絵は、作家の個展で、キュンと一目惚れして買ったんだ」

「このモンステラの木、南国の雰囲気があって昔から大好きでね……」

というように、なにかしら思い入れのある品で、その場の雰囲気を盛り上げてくれている。部屋や家に愛情をもっていて、そこで過ごす時間を楽しんでいることが

感じられて、こちらまで嬉しくなってきます。

感性は、「お気に入りのものを置きたい」という純粋な気持ちから生まれ、養われてくると感じるのです。

アートやオブジェをひとつ置くと、部屋の魅力が一気に上がります。

海外の友人では、クラシックギターやウクレレなど楽器をオブジェのように並べている人、家族や親族の写真をあえてモノクロにして部屋の一角に飾っている人、壁一面ありそうな自作の書を部屋の主役にしている人が印象的でした。

インパクトのあるものの存在は空間が引き締まるだけでなく、生活感をかき消す役目も担ってくれます。ソファにお気に入りのブランケットをかけたり、棚にアートブックを飾るだけでも雰囲気がグレードアップします。

ある友人は、祖父母の遺した大好きな着物や帯を、暖簾やテーブルランナーにリメイク。それを飾るために、ほかの家具や置物をシンプルにして、品格のある空間をつくり出しています。まさに、「好き」はセンスの母だと感じるのです。

11

あたたかみのある色の照明で照らす

テーブルや椅子、観葉植物など、気の利いたものが置かれているのに、「もったいない」と感じることが多いのが、〝照明〟です。

白くてまぶしい光のシーリングライトで部屋中を照らしているので、味気ない雰囲気。天井にピタリと張りついている形も、やはり味気ないスタイルなのです。

照明には、ただ明るく照らすだけでなく、雰囲気を演出する役割があります。

世界のおしゃれな家やホテルなどで、青白い蛍光灯は、ほとんど見たことがありません。「空間は照明から」というほど、照明の選び方、置き方、向け方によって雰囲気はガラリと変わるので、空間に合った光にとことんこだわるのです。

現代の日本の家は、玄関もリビングも寝室も、明るいシーリングライトを使っていますが、半世紀前の笠つきの裸電球やオイルランプのほうが、ずっとおしゃれで、落ち着いて、味わいのある雰囲気だったはずです。

夜のキャンプやバーベキューで、ＬＥＤのライトを煌々と照らすと、興醒め。ランタンのあたたかい光だから、リラックスできたり、会話が弾んだりするのです。人がいちばんやすらぐのは、夕日を思わせる赤みをおびた白熱灯の光といいます。日が落ちるころ、家々に間接照明が灯っているのを見ると、みんながリラックスしているような雰囲気が感じられて、体の内側からやさしい気分になりませんか。

おしゃれな雰囲気を演出するコツは、ペンダントライト、スタンドライト、間接照明など暖色系の光を複数、組み合わせて使うこと。照らされている部分、暗い部分の落差があるから、空間の表情と広がりが出てきます。本を読むとき、お化粧をするときなど明るさが必要なときは、スポット的に照らすといいでしょう。

ＬＥＤライトや蛍光灯でも、多くはリモコンなどで色や明るさを調整できるもの。光を変えると、思った以上に心理的な効果が高いことを実感してください。

12

気分ごとで「マイプレイリスト」がある

デンマーク文化を象徴する〝HYGGE（ヒュッゲ）〟とは、大切な家族や友人と過ごす「心地いい時間や空間」のこと。週末に友人仲間と家でわいわい夕食をしたり、天気のいい日に公園でコーヒーを飲みながらまったりするのもヒュッゲです。

そんなヒュッゲをデンマークの友人宅で楽しんでいるとき、とても素敵な音楽が流れてきました。日本人である彼女のお気に入りの「プレイリスト」は、ワールドミュージックあり、日本のシティポップあり、R&Bやジャズありとごちゃ混ぜですが、ゆったりした心地よさで統一されているのです。彼女いわく、「スマホでアルバムや、アーティストのプレイリストを聴いていて、『あ、この曲いい』とか『これ、懐かしいな』と思ったら、すぐに自分のプレイリストに入れるの。どこを切り取っても心地いいし、永遠にいい曲が流れる時間になるでしょう？」

おしゃれで素敵な彼女は、自分の身を置く空間の雰囲気をとても大切にしているのです。そんな幸せな時間は、私にとってまるで映画のシーンに浸っているように感じられて、いまも音楽とともに記憶に残っています。

日常に音楽があることのすばらしさは、空気感をつくってくれること。私も、よくシーンや気分に合わせて「マイプレイリスト」を利用します。

たとえば「家事がはかどるＪポップ」を口ずさんだり、「夏のドライブに聴くロック」で気分を上げたり、「夜更けのチルミュージック」でお風呂をリラックスタイムにしたり。泣きたくなる夜は「せつなくなる懐メロ」を聴くと、一瞬で泣けてきますが、それを通り越すと、どうでもよくなってくるという儀式があります。

「あの人と過ごすときは、こんな曲がいいかな」と想像して選ぶのも楽しい。

耳から入った音楽は脳へと伝わり、心と体に影響を与えます。音楽がともにあることで暮らし、いえ人生の一瞬一瞬をゆたかに味わえることは、間違いありません。

13 推しの器を普段使いする

台湾の知人で、日本各地の窯元を回って直接購入した茶器の数々を、普段使いしていている人がいます。彼は英語の講師をしていて、授業の合間の10分間、お気に入りの茶器で一服するのが、気持ちのリセットになるのだとか。

「その日の茶器を決めて、さっと抹茶をたてて飲む。作家の世界観や素材の風合いなど、それぞれに表情があって、不思議とお茶の味も違って感じるんだ」とのこと。「一個、何万円もするでしょう？　割ることはないの？」と聞くと、

「そんなに高価ではないけど、大切なものだから気持ちを集中させて丁寧に扱う。それも含めて、気持ちのリセット。いままで一度も割ったことはないよ。それに、

せっかく手に入れたのにしまい込んで使わないなんて、もったいないでしょう?」

なるほど、推しの作家をもち、その作品を普段使いするのは、なんとカッコいいのだろうと、私も少しずつ取り入れてみました。

私の推しは、ひょんなことからご縁があった陶芸家で、作風や素材が好きになったもの。茶碗、大小の皿、花瓶など、数千円の価格帯ですが、量産品には決してない味わいが一つひとつにあり、使うたびに味も出てきて一緒に成長している感覚があります。果物をのせても、花を飾っても、数割増しで素敵に見えます。

使いやすさや機能性よりも、作品そのものに魅力を感じるものが理想的。「シンプルなものが好き」という基本がありつつも、フォルムや質感など、どこか心に引っかかって「連れて帰りたい!」となる相性のいいものを感覚的に選んでいます。

ただ、作家推しだけでなく、「器選び」そのものを楽しむこともしていきたい。いつか陶芸の街を訪ねて窯元巡りをしてみたいとも思います。

普段の暮らしに、少しだけ上質なエッセンスを添える。お気に入りの作品を大切に使っていく……。それだけでテーブルも気持ちも華やぐのです。

14

機能とデザイン性を備えた〝道具〟をもつ

大工、料理人、スポーツ選手、書家など一流の人が使っている〝道具〟はデザインが美しく、手入れもしているからか、色気すら感じます。「腕がよければ、道具なんてなんでもいい」と、適当な道具を使っている人は、まずいないでしょう。

私も物書きとしてパソコンだけでなく、ノートとペンにはこだわります。取材時にさっと出して、さらさらと書けるものがいい。しかも見た目も好みであるほどモチベーションが上がり、丁寧に、長く大事に使おうとするのが人情というものです。

料理、ＤＩＹ、趣味などの道具で「使い勝手がよければいい」と機能性だけを重視する人がいますが、それでは味気ない。かといって「カッコよければいい」とデザイン性だけで選ぶと、扱い方や耐久性などに問題があって、ストレスが溜まります。

機能性、デザイン性が両立する〝優れもの〟を選ぶためには、まず自分に必要な機能や理想の使い心地をわかって、その条件を満たす好みのデザインを選ぶといいでしょう。調理器具であれば、鍋、泡立て器、計量カップ……と、使いやすく、お気に入りの道具をそろえていくと、引き出しを開けたとき、使うときにご機嫌になれます。本当に好きで選んだものは、出しっぱなしでも絵になるものです。

そして、身も蓋もない話ですが、やはり長年愛されてきた「名品」といわれる道具は、信頼できて、しかも美しくて飽きがこない優れものだと感じます。

私はもの探しがあまり得意ではないので、料理道具であれば、頼れる友人たちの家で「このスライサー、使いやすい！」「この電動ミル、カッコいいし、片手で使えるのが便利」などと感動した道具のメーカーや値段などを聞いて、購入します。

トマトもパンもきれいにカットできる波刃テーブルナイフは、スイス製で1500円ほどでしたが、ここ10年、使わない日はないくらい重宝しています。

無数の道具のなかから自分なりの〝優れもの〟を見つけ、大切にしたいものです。

15 一日1回、「ひとり時間」をつくる

センスというものは、ひとりの時間に磨かれ、成熟していくのです。楽器や絵画のスキルを磨くのと同じで、他人を参考にすることはあっても、結局のところ、自分で考えて、仮説を立てて、試して、比べて、選んで、工夫して、「これとこれを組み合わせたら、意外によかった」「もう少し大胆さがあってもいいな」と、自分の感覚的な〝型〟を発見していくことで、さまざまなことがうまくいくようになります。

ひとり時間の効果として、心を緩めて感情を整える、自分の本音を知る、ものごとを俯瞰する、考えを整理する、やりたいことに没頭するなどの効果がありますが、特徴的なのは、ひとりでいるときの感覚は、嘘やごまかしがないことです。

「きれいだな」「ワクワクする」「惚れ惚れする」「この感覚はいいな」「これはダメ」など正直な感覚に従えば、おのずとオリジナルな〝型〟はできていきます。

私たちは、どんなに愛する家族や気心の知れた友人といても、なにかしらの制約を受けていて、よくも悪くも人を気遣った選択をします。また、広告やネットの情報を浴び続けていると、「専門家がいいと言ったから」「みんながやっているから」などと他人の視点で〝正解〟を見つけようとしてしまいます。

頭のいい人に限って、理屈や固定概念で正解を見つけようとするから、感性が育ちにくいもの。自由な発想で絵を描く子供のほうが、先生になるかもしれません。

ひとり時間はなにをするのも自由ですが、おすすめは気ままな〝散歩〟。

私は仕事で煮詰まったときなど「15分散歩しよう」と決めて歩きます。

運動やストレス解消だけでなく、軽くリズミカルな動作で幸せホルモンであるセロトニンが分泌、脳の働きも活性化されます。歩きながら自然の移り変わりに気づいたり、ふとインスピレーションを得たりすることも多いのです。

自分自身と向き合うひとり時間は、新しい自分に出会うチャンスなのです。

第2章

見た目で感じるセンス

16

「なりたい自分」という、おしゃれの個性

あなたが「おしゃれだな」と思う人は、どんな人でしょう？　〝おしゃれな服〟を着ている人ではなく、その人自体が〝おしゃれな個性〟ではないでしょうか。洗練されたハイブランドの服を着ていても、それに負けないくらいの〝個性〟がなければ、服に負けてしまう。「なりたい自分」をもっていて、好きなもの、似合うものがわかっている人は、服だけでなく、髪型や姿勢、表情、しゃべり方、話す内容、ライフスタイルなど生き方に一本筋が通っていて「その人らしさ」があるから、圧倒的な魅力がある。見た目の印象は、生きる姿勢の表れなのです。

昨今は没個性のファストファッションが多く、色彩も地味で「これなら無難」

「恥ずかしくなければいい」と、消極的な選択になりがちです。

しかし、没個性のものにセンスはありえない。自分のスタイルをもつことで、まわりに「自分がどんな人間か」、黙っていても伝えることができるのです。

私が最近、カッコよくて感動したのが101歳で亡くなった画家、フランソワーズ・ジロー。いつもトレードマークの真っ赤なスーツを着ていたといいます。

「自分のスタイルをもつことは大事。スタイルはあなたという存在を見えやすくする透明なガラスのようなもので、同時にバリアでもありますから」

個人的な思いほどバリア内にとどめて、多くを悟られないように……というジローに、インタビュアーが「夫にも？」と問うと、「夫はとくによ」とにっこり。

そんなチャーミングなユーモアや、ほんとうはシャイな人柄や、ピカソの愛人から自力で国際的画家になった波瀾万丈の生き方も含めて、だれでもない彼女の個性。自分スタイルをもつことは、「自分はなにをして、どう生きたいのか」という生きる姿勢であり、まわりにメッセージとして伝わる。〝透明なバリア〟は、求めている人や環境やチャンスを招き入れ、求めないものを遠ざけてくれるのです。

17

「好きな服」を似合わせる

スタイリストの方が、こう言っていたことがありました。

「よく私に似合うのはどんな服ですか？って聞かれるけれど、まずは自分の好きな服を選んだほうがいい。その服が大好きで着ているとご機嫌になれる。おしゃれって本来そういうもの。私の役割は、好きな服をカッコよく着るお手伝いをすること」

「似合う服」がいいのか？「好きな服」がいいのか？とは、だれもが考えることですが、「好き」を軸にしたほうが断然気分がよく、センスも磨かれるのです。

「似合う服」というのは、他人軸のセンス。「好きな服」は、自分軸のセンス。まず、自分が満足することがいちばんで、理想は「好きな服が似合うこと」でしょう。

それに、好きな服というのは、意外に似合うものなのです。

私はかつて「好きより似合う服がいいのだ」という思い込みがありました。

しかし、「似合う服」から考えるのは、結構むずかしい。どれも似合わないような気がして、結局、だれにでも合いそうな没個性的な服になってしまう。人からどう思われるかばかりを気にしていると、服の選び方も縮こまってしまうのです。

それよりも「黒のライダーズジャケットってカッコいいな」「ビビッドなピンクのワンピース、ちょっと派手だけど着てみたい」なんて、単純なインスピレーションで選んだ服は、思った以上に「おしゃれ～」「似合っているね」などとほめられることが多いのです。好きな服は、コーディネートも工夫するからかもしれません。

愛着があって「これを似合わせてやる！」と気合も違うのです。なかには「やっぱり、私には合わなかった」としっくりこないこともありますが、そんなトライ&エラーを繰り返しながら、「好きなものが似合う」確率も高まっていくのです。

なにより、好きな服を着て出かけるのは、気分がよく、いいことも起こりそう。

大人の魅力は「好き」を極めることで見えてくると思うのです。

18

鏡を見て、自分を「ほめる」

「見た目を魅力的にするのは簡単。家のなかにいくつもの鏡を置くこと」

そう教えてくれたのは、モデルを養成するインストラクターの方でした。モデルがデビューして数年後、見間違うほどにきれいになるのは、つねに人目に晒されるから。家のあちこちに鏡を置いて、「つねに見られている」状態をつくり出すと、ほどよい緊張感が生まれて、自然に美容やファッションへの関心が高まるとか。

私も半信半疑で、リビングに全身鏡を置いて度々見るようにしたところ、短期間のうちに数キロのダイエットに成功。「お腹まわりがきゅっと痩せたらいいのに」なんて思っていると、食事に気をつけたり、立っているときにお腹をへこませたり

するもの。「ちょっと痩せた？」とだんだん変化も見えて、嬉しくなってきたのです。

また、鏡の前で、服をとっかえひっかえしながら、「このコーディネートがベスト」「やっぱり、私はブルーが似合う」などと試すのも楽しい。そんな試行錯誤が自分を知り、自分を整えながら、美意識を育てることにつながると実感します。

鏡を見つめることは、無意識に、よりよい自分であろうとする心理が働くのです。

ただし、鏡を見るたび「また老けた」「ブサイク」などと自分を貶《おとし》めては、逆効果。「顔の形は悪くない」「やさしい雰囲気」などほめ言葉をどんどん使いましょう。

鏡の自分にかける言葉は、暗示の効果があるのです。あまり鏡を見ないという人も、目につくところに鏡を置き、見かけるたびに「顔が輝いている」「よくがんばった」「今日もありがとう」などとほめていると、セルフイメージも高まってきます。

昭和の思想家、中村天風さんは朝、鏡を見るたび「お前は仕事ができる、カッコいい人になった」などと言い続けていると、ある日、「あ、そうなった！」とはっきりわかる日がくる……という潜在意識に働きかける方法を提唱しています。

見た目も含めて「なりたい自分」になる効果的な方法なので、ぜひお試しを。

19 まず、「清潔感のある人」を心がける

「おしゃれに自信がない」という人は、まず〝清潔感のある人〟を目指すといいでしょう。シンプルな服でも、パリッとアイロンのかかったシャツを着て、きちんと髪を整え、ピカピカに磨いた靴を履く。それだけで爽やかな好印象に。

反対に、いくら高価でいい服を着ていても、それがしわくちゃだったり、袖口や襟元が汚れていたり、ニットに毛玉がたくさんついていてはもったいないことに。

自分の体の清潔感にも気を配りたい。カサついた肌、肩のフケ、歯や爪の汚れ、体臭など、見えにくいところ、細かいところほど、きれいに整えることが大事です。

じつは清潔感とは、センスそのものであり、美しさの大前提なのです。

飲み会やセミナーなどで、たまたま隣に座った人が、「感じがいい人」と好印象を抱いてくれることが、もっともわかりやすいセンスのよさといえるでしょう。

自分に手をかけずに無頓着にしていると、清潔感はみるみる損なわれていきます。意識を高くもつと、プロのメンテナンスを受ける必要性も感じるでしょう。

いつもきれいな70歳の女性に、「美しさの秘訣は？」と聞くと、

「清潔感ね。とくに髪は大事。艶とカットのラインを保つために2週間に1回はヘアサロンに行くし、颯爽と歩くためにヨガもやっている。50代で歯の矯正もしたの。意外と努力しているでしょう？」とにっこり。なるほど、清潔感は一日にしてならず。でも、どんな人もやればやっただけ結果が出るのだと、希望をもったのです。

「清潔感のある自分」を心がけると、普段から食事や運動に気を使ったり、鏡をちゃんと見て肌の手入れをしたり、服や靴やバッグの手入れをしたりします。

あれこれと自分を飾るのではなく、自分を整えることでの美しさを意識します。

それが、その人のもつ品性や、他人への礼儀につながっていくと思うのです。

清潔感は、日々きれいに整えようとする小さな美意識の集大成なのです。

20

しゅっとした姿勢に宿るもの

街中で目が行ってしまう人は、大抵、しゅっとした姿勢です。服は背筋を伸ばして美しい姿勢で着こなすからこそ、よりよく見えるのです。

背筋をぴんと伸ばして顔を上げていると、それだけで知性や自信が宿ります。

さらに、おだやかな微笑みをたたえている人は、眩しいオーラさえ感じます。

反対に、服装が完ぺきでも、猫背でうつむいていたり、ソファにふんぞりかえったりしては台無し。ごく稀にそれが個性として好感をもたれることもありますが、ほとんどの場合、だらしなく見えて、知性も品性も感じられません。

姿勢というのは、生きる姿勢まで表れてしまうのです。

オーラをまとう姿勢のポイントは、頭が天に引っ張られるように、体をまっすぐに伸ばすこと。顎を少し引くこと。お腹（丹田）とお尻で姿勢をキープすること。まっすぐな姿勢がいちばんリラックスして疲れづらく、体にも負担がかかりません。すっと背筋を伸ばすことを、歩いているとき、人が見てないときでも、ストレスを感じないレベルで習慣化できると、すでに知的なオーラをまとっているはずです。

人間、いざというときは普段やっていることしかできない。普段だらしない格好をしている人は、人前だけ取り繕おうとしても、ついボロが出てしまうのです。

姿勢と心は直結していて、姿勢をしゃんと正すことは、人生を変えるほどの力を秘めています。胸を開いて深い呼吸になるので、リラックスして明るい気持ちになり、自信をもって人と接することができます。反対に、猫背で浅い呼吸が続くと、自律神経が乱れて、イライラ、クヨクヨしやすく、自信もなくなりがちです。

気分が沈んだときこそ、前を向いて颯爽と歩きましょう。見知らぬ人ばかりのなかでも顔を上げて「こんにちは」と挨拶しましょう。焦ったときは、背筋を伸ばして大きく深呼吸。姿勢を正して、生きる姿勢も明るく変えていこうではありませんか。

21 ワードローブには、「いま一軍の服」だけを置く

いつ会っても「今日も素敵だなぁ」という印象の人っていますよね。それは、ワードローブに少数精鋭の〝一軍〟の服だけをラインナップして、つねにフル活用しているからではないでしょうか。

対して、「今日はイマイチ」と感じる人たちは、「毎日違う服を着なきゃ！」と思い込んでいて、ワードローブには似合わなくなった服、安っぽい服など二軍三軍の服がずらり。結果、ここいちばんのときも、たくさん服があるのに「なにを着ていいかわからない！」と迷いに迷って、不本意なスタイルで出かけてしまうのです。

一軍と呼べない服を手放すと、コーディネートが格段にラクに。自分の好みや価

値観の再確認をして、あれこれ買うこともなくなり、セルフイメージも高まります。

判断基準は、よし悪しや値段ではなく、「いまの自分にしっくりくるもの」。いま魅力的だと感じて、いま着ているとご機嫌になれる「しっくり感」は、最適化のナビゲーションなのです。「いつか着るかも」と未来に囚われたり、「高かったから」と過去に縛られたりするより、いまの心地よさや新たな出会いを大切にしましょう。

私はワンシーズン出番のなかった服は、しっくりこなくなったものとして、リユースショップや友人に譲ります。ワードローブは「一軍の服」が5パターンもあればじゅうぶん。手持ちが少ないほど、「おしゃれ」と言われることが多くなりました。

私が幼いころ「人と少し違っておしゃれな人」と感じていたのは、父親でした。大正生まれで小学校しか出ていない人でしたが、休日に出かけるときは、仕立てのいいツィードのジャケットに中折れ帽、正月は羽織がついた大島紬をパリッと着ていました。しかし、いま考えると、その「一張羅」しか持っていなかったのです。

服は着ている人の威厳や知性や魅力を演出し、その人の振る舞いまで変える力があります。だからこそ、少数でもいまの自分を高めてくれる服を持ちたいものです。

22

プロのアドバイスにのってみる

SNSの動画などで、一般人がスタイリストに大変身させてもらうものがあります。素朴な男子大学生が髪型を変えるだけでアイドルっぽくなったり、垢抜けない中高年の主婦がファッション、メイクまで変えて、品のいいマダムに変身したり。

別人級に変わった見た目にいちばん驚いているのは、その本人。「すごい！こんなに変わるんだ」「なんだか知らない人みたい」と顔がぱっと輝いて、表情や話し方まで明るくなる様子は、見ているほうも痛快で、元気をもらえるよう。

「自分のことは、自分がいちばんわかっている」と思っても、これが案外むずかしい。ヘアスタイルやファッションなども、独りよがりやワンパターンになりがち。

時代も年齢も合わなくなったパターンを、頑固に続けている人もいます。

独自のスタイルが確立していても、気持ちに余裕がある人は、さらにカッコよく、美しく、更新していきたいと思っているので、そこで立ち止まりません。遊び感覚で新しいスタイルに挑戦したり、プロのアドバイスにのってみたりします。

自分と気が合っているお店のスタッフに「髪を短くしてイメチェンしたいんですけど、おすすめのスタイルは？」「白いパンツが欲しいんですけど、私に似合う形は？」など聞いてみるといいでしょう。私は飛び込みで入ったショップの若いスタッフにも「どう？　似合います？」「どんなふうに着ればいい？」などなんでも聞きます。「明るい色が似合いますね」「落ち着いた雰囲気だから少し着崩しては」などとほめられるのは嬉しいし、新しい自分を発見するのは、極上の喜び。

感度のいい友人にアドバイスをもらうのもおすすめ。私は買い物につき合ってもらって「それもあり？」と、これまでなかった選択をできて意外に馴染んだり、「Uよりも深いVネックが似合う」という新事実を発見したり。他人のセンスを取り込むことで表現の幅が広がり、奥行きも出てくることを実感しているのです。

23

「若く見える」を超越したおしゃれな人

「若い人はなんでも似合っていいね。歳をとると、着るものが限定されて……」と言う人は年齢にこだわりすぎて、おしゃれを楽しめないのではありませんか。

いまの時代、まわりから「歳をとらないよね」と言われるのは、大抵、おしゃれで自分の好きなものを自由に着ている人たち。頭の回転が速く、ユーモアにあふれていたり、気遣いができたりするものです。

反対に、同窓会などで「若いときは素敵だったのに」などと思われる人は、なんとなく好奇心が乏しい。老けて感じるだけでなく、言っていることがネガティブだったり、やっていることがどこかズレていたりすることが多いのです。

「むちゃくちゃおしゃれな人」として定評のある台湾在住のデザイナーの友人は、アラフィフでも少女のようなワンピースが定番。彼女に会う日はいつも「今日はどんなファッションで楽しませてくれるんだろう」と期待してしまいます。

彼女は、年齢を超越して、いま、自分がどんな服を着たらご機嫌でいられるのか、どんな服が素敵かと、肩の力を抜いて面白がっているのです。

いつも新しいことに挑戦していて、ライフスタイルも遊び方もおしゃれ。突き抜けた個性だけでなく、教養や品格、前向きな姿勢が垣間見えるから、トータルで「おしゃれな人」という印象になり、若者から年上まで人が集まってくるのでしょう。

歳を重ねるほど魅力的になる人は、ただ「若く見える人」ではありません。自分の生き方をもち、毎日を楽しもうとする「おしゃれで粋な人」であり、軽やかに試行錯誤を繰り返しているので、若さだけでは醸し出せない大人の〝色香〟があります。

「どんな人に憧れるか」と具体的な人を参考にすることも、表現を磨く一助になります。若く見られることよりも、「いまの自分」をとことん楽しむことにフォーカスしてみてはいかがでしょう。

24

「20年使えるもの」「100年使えるもの」を意識する

「今度コートを買うときは、10年はアウターを買わなくてもいいものにしよう」そんなふうに探し、背伸びして手に入れた黒のウールコートは、15年経ったいまもお気に入り。外出時に悩むことがないので、20年は使い続けるでしょう。

引っ越しが多く、飽き性の私は、服もインテリアも、使い捨てや間に合わせの感覚が多くありました。しかし、そんななかでも「10年使えるもの」と意識して買ったちょっといいものは、心から気に入っていて10年、20年と使い続けているのです。

センスのいい人は、シンプルやカジュアルなファッションのなかにも、どこかに「それ、素敵！」とキラリと光るアイテムがあります。聞くと、かなり高い確率で

「このワンピース、30年前のものだけど、柄が面白くて気に入っているの」「このブローチ、おばあちゃんから受け継いだもので……」といった歴史があるのです。

50代の男性の友人で「親父のオーダーメイドのジャケットを、サイズを直して着ている」という人もいました。母親の60年前の着物を、リメイクしたという人も。

時代を生き抜いてきたものは、それだけ魅力があり、大切にされてきたもの。「いいものを身につけている」という心の満足感も与えてくれます。

ヴィンテージが流行っているのも、そんな歴史を感じるからかもしれません。

インテリアも「100年使えるもの」と意識すると、選ぶものがまったく変わってきます。いつか子孫や別のだれかが使えると考えるようになるのです。

ものの寿命には、「素材」「構造」「機能性」「デザイン」の寿命があり、どれが欠けても命は尽きてしまうといいます。だから、長期に渡って素材や作りがしっかりしていて、飽きのこないデザインは〝本物〟ということです。

20年先、100年先を意識して品物を選ぶことは自分への投資ともいえます。日々の暮らしの質を高め、自分を高めることにつながるのです。

25

靴を見ればわかってしまうこと

イタリアのことわざに「靴はその人の人格を表す」というものがあります。

カラフルな靴を履いている人は「元気があって楽しそう」、流行りの靴は「ミーハーで流されやすく浪費家っぽい」、機能的な靴は「頭がよく頼りがいがある」、上質でオーソドックスな靴は「品格があり、堅実そう」などと感じるでしょう。

靴は思った以上に、自分を印象づける重要アイテム。「服がよければ靴は適当でいい」ではなく、自分を高めてくれる靴を選び、手入れをすることが重要なのです。

20年ほど前、ギリシャで暮らしていたとき、自宅でも寝るとき以外はピンヒールで過ごす女性たちに、心底、驚いたことがありました。ジーンズとTシャツでも、なぜかピンヒール。「ヒールでないとカッコがつかないし、姿勢も悪くなるでしょう?」という美意識があり、決してスニーカーやスリッパであってはいけないのです。

そんな彼女たちは〝女性っぽさ〟を前面に出したファッションで、メイクが濃く、自己主張も強く、攻めの態勢。靴は、まさに人の性質を表していると実感します。

私のまわりの人たちも、服はファストファッションを混ぜながらも、靴にはこだわっているもの。革靴でもスニーカーでもヒールでも、サイズが合って履きやすいもの、好きなデザインなど、いくつかの条件があり、清潔感を保てるよう、きちんと手入れをしているので「もう20年も履いている」なんてこともあります。

営業などでも、ピカピカの光沢があって、丁寧に履きこなしていたら、少なくとも「だらしない人」とは思われず、「きっと仕事も丁寧なはず」と信頼されます。靴ほど、自分が思っている以上に、他人に注目されるアイテムはありません。なにより、きれいな靴を履いていると、自分の気分がよく、自信もわいてきます。

それだけ靴はおしゃれの要、パワーがあるのですから、ご機嫌になれる靴を選び、日ごろのメンテナンスを心がけたいものです。

26

自分を輝かせてくれる「色」をもつ

カラーコーディネーターの友人が、いつもカラフルで素敵な装いなので、「パーソナルカラー診断で色を決めているの？」と聞いたところ、

「いいえ。好きな色を着ているだけ。似合うかどうかビクビクして選ぶのはつまらないでしょ。それにパーソナルカラー診断は、顔の真下にどの色を置いたら、顔映りがいいかで選ぶもの。顔まわりさえ気をつければ、全体の色には関係ないのよ」

妙に納得したと同時に、「どんな色でもいいのだ」とワクワクしてきたのです。

黒白や茶系、ネイビーなどベーシックカラーのほかに、「これは私の色！」と自分を輝かせてくれる大好きな「色」をひとつ、またはいくつかもつと、おしゃれが

楽しくなり、コーディネートもしやすくなるものです。

色の配色は大きく分けて「同系色でまとめる」「違う色で際立たせる」の2通り。「まとめる」「際立たせる」のいいとこ取りが「差し色コーディネート」で、自分の好きな色をインナーやベルト、アクセサリーなど、アクセント的に置くと、そこに視線が集まるのできりりと引き締まり、体型をカバーできる効果もあります。

「色のセンスがいい」というのは、パッと見て感覚的に「きれいな配色」「洗練されている」と好印象をもたれること。逆に、「配色がチグハグ」「野暮ったい」という印象をもたれることもあります。

数年前、黒や茶色ばかり着ている時期がありました。それを見た前述の友人から「そんなに地味になってどうするの！　顔色も悪く見えるし、気持ちも内向きになっているんじゃない？」と喝を入れられて、たしかにそうかもと反省。

そこで、明るいブルーやピンクなど、どこかに入れるようにしたところ、不思議と気持ちも明るくなり、人に会うのも楽しくなったのです。

色は心理に影響を及ぼすもの。自分を輝かせてくれる色をぜひ活用してください。

27

「がんばりすぎない」ことが美しさ

ファッションは、きっちり隙のない洋服で固めなければということでもありません。「がんばりすぎない」ことも美しさ。遊び心があって、力が抜けて、こなれた感覚が心地いいのです。

そんな〝ぬけ感〟を出すのが、むしろ見せどころといえましょう。

リクルートスーツのような上下をいつも着ていると、隙がなくて「きっちりした常識的な人」という印象はありますが、面白みに欠けるもの。また、上から下まで高級すぎるブランドや多くのアクセサリーで〝武装〟していては、「がんばって着飾っている人」という印象になり、まわりも肩が凝りそうです。

そう、「がんばりすぎ」というのは、ある種の〝武装〟状態。ファッションだけでなく、仕事でも、家事や育児でも、「がんばらなければ、突っ込まれる」とか「ダメなヤツだと思われる」とか、つねに恐れが潜んでいます。がんばりすぎていることに気づけず、知らず知らずのうちに疲れを溜め込んでしまうでしょう。

「がんばるけど、がんばりすぎない」ことも、ひとつの美意識。無理をしない、だらけない〝ほどほど〟を保つのも、ものごとをうまく回すための処世術といえます。

ボタンを外したり、袖をまくったりして着崩してみればいいと思うのです。少々ズレていても、帽子やサングラスなど、小物で遊び心を演出するのもいいでしょう。

完ぺきな人間なんていないのですから、「抜けているところもある」と思われたほうが生きやすい。まわりに認められることよりも、自分が楽しむことに軸足を置くと、がんばりすぎず、逆に好印象をもたれるのです。

カッコよく見える人ほど、見た目に無理がなく、肩の力が抜けています。

〝遊び心〟や〝ぬけ感〟は、ファッションだけでなく、大人の生きる姿勢なのです。

第3章

センスのいいお作法

28

「いただきます」と手を合わせる

「小学校にあがるまでに、料理の基本を身につける」を実践している保育園があります。保育園に行くと、子供たちが「いただきます」と手を合わせて、食べ方が美しいのに感動します。箸の使い方もきれいだし、園児が行う盛りつけもきれい。食器はすべてきれいな陶器で丁寧に扱い、大皿は両手で持ってそろりと丁寧に運ぶ……。視察に来たほかの保育園の先生が、子供たちの食事マナーに驚き、「プラスチックじゃないの？　たくさん割れるでしょう？」と聞かれるそうですが、園児が割るのは年に1、2回。大人たちのほうが考え事をして、度々割ってしまうとか。

子供たちは稲を刈って新米を炊いたり、生きた鶏から捌《さば》いて料理したりする経験もしていて、そんな日は特別な「いただきます」「ごちそうさまでした」になるといいます。「いただきます」は、自分の命のために捧げてくれた、肉や魚、野菜など自然の命に対して「いただきます」と感謝する言葉。食材を育ててくれた人、料理をしてくれた人など、目の前の一膳に関わってくれた人への感謝も表しています。

「ごちそうさま」は、漢字で書くと「御馳走様」。冷蔵庫もスーパーもない昔は食材をそろえるのはたいへんなことで、遠くまで走り回って集める必要がありました。そんな苦労して食事を出してくれる人への敬意と感謝が込められているのです。

私もひとりの食事でも「いただきます」と手を合わせる習慣があります。すると、ランチョンマットを敷いて、お椀は右で茶碗は左、きれいに残さず食べるなど、なんとなく食卓の秩序が守られる。この〝秩序〟が自然に体にやさしい食材を選んだり、無駄に買わず、食材を使い切ったりと、美しい振る舞いにつながっていきます。

感謝がないと、買い物も料理も食べ方も雑になるのではないでしょうか。

人が手を合わしている姿は、子供でも大人でも高齢者でも、美しいものです。さまざまなものに敬意をもち、感謝することは、美しい作法の前提なのです。

29

十五夜の満月を、お月見すること

クリスマスやハロウィンなど、みんなで楽しむ現代的なイベントには、「みんながやるから」と、多くの人が気合を入れ、わいわいと盛り上がるものです。

古来、美しい自然や四季に恵まれたこの国では、月を愛でたり、太陽に感謝したりする風習を大切にしてきました。そんな、いまにも通じる〝暦〟の行事を大切にすることこそ、心も体も喜び、満たされることではないかと感じるのです。

なかでも秋の満月を鑑賞する「十五夜」は、特別なイベントでした。平安時代の貴族はお月見をしながら、歌を詠んだり、管弦楽器を楽しんだり。江戸時代には庶民に広がり、無事に稲を収穫できた喜びを分かち合う収穫祭の日になりました。

私が幼かった半世紀前は、地域で盛大に相撲大会が開かれたり、家にススキや芋や栗を飾ったり、大きな月を眺めながら、わいわいと小豆の餡子がのったお団子を食べたり。いまより〝月〟が身近にあって、十五夜だけでなく、子供ながらに月の満ち欠けを確認し「今日はおぼろ月夜だなぁ」なんて、しみじみしていました。

人間の生体リズムは、潮の満ち引きとともに、月の満ち欠けから影響を受けているといいます。満月を見ると、なぜか高揚した気分になること。出産が満月の日に多いこと。女性の月経や、肌のターンオーバーが28日周期（月は29・5日）なことも、まるで体にプログラミングされているような神秘を感じます。

じつは、芋類の収穫を祝う旧暦8月15日の「十五夜」のほかにも、栗や豆の収穫を祝う旧暦9月13日の「十三夜」、田の神様に感謝をする旧暦10月10日の「十日夜」にも、お月見をする習わしがあります。「十五夜」「十三夜」「十日夜」の「三月見」が晴れると、よいことがあるとか。

芋や栗やお団子を食べながら、満月を見上げてみてはいかがでしょう。

何千年も前からそこにあった月と、月を愛してきた人びとに想いを馳せて。

30

お店で出された器をじっくり眺めてみる

外食をしたとき、料理をじっくり味わうのはもちろん、器もじっくり眺めてみるといいでしょう。茶道でお茶をいただくときの作法のように。

洋食ではお皿を持ち上げずに見るのがマナーですが、和食であれば、鑑賞するのもマナーのひとつ。食べる前や食べた後、器を両手で包み込むように持ってみるのです。傾けたり回したりしながら、ゆっくり鑑賞し、「ザラザラしていい風合い」と器の肌合いも感じたり、「紅葉の柄は、いまの季節に合わせてくれたんだな」とご主人の細やかな心遣いを感じたりします。

そんなふうに器に興味をもつようになると、「この器は波佐見焼ですか?」「よくわかりましたね」「繊細で軽いのに丈夫なんですよね」と、会話も楽しめるように。器に詳しくなくても「この藍色の模様、好きです」などと伝えると、大抵は喜んでくれます。器、盛りつけ方、メニュー、壁に掛かっている絵、床の間のしつらえなども観察することで、その店のご主人がどんな哲学をもっているかもわかるのです。

私が通うイタリアンレストランは、シェフ自らが馬小屋をリノベーションしてつくった店。タイルの床もゴツゴツしたテーブルも手作りで、野山で摘んだ花を飾り、自家菜園の野菜やベーコンも時間をかけて作る。なににも頼らず、そこにあるものから工夫して、生み出そうとする感性と哲学があふれています。

その店は料理も本物で、遠方から飛行機で何度もやってくる人もいるほど。ですが、感じようとしない人には、物事の奥行きはわからず、ただ「美味しい店」で通りすぎてしまうでしょう。わかろうとする人にしか、わからない世界があるのです。

興味をもって観察する習慣は、私たちの感性を育て、知識を与えてくれます。いちばんの喜びは、感性が通じ合う人同士でつながれること。センスのいい人とつながる感性や知識は、人生を豊かにするためにもっとも大きな財産だと思うのです。

31

名刺香を使ってみる

香りは自分を表現するファッションや身だしなみのひとつと知っていても、いまは「スメルハラスメント」という言葉があるように、マナーが重要なのです。オフィスや電車など公共の場で、香水がキツい人がいるとつらいもの。和食の席では、料理の繊細な香りも味わいとするのでタブー。体臭や汗と混じって不快な臭いになってしまうこともあります。

香水は手首につけるイメージがありますが、それだと食事のときなど手を動かすたびに香り立ってしまいます。おすすめは、足首や膝の後ろで、ふんわり自然な香りが漂います。いかにも「香水をつけているな」ではなく、すれ違ったときに

「ん？　いい香りがするな」とふんわりいい香りがして、ふり返りたくなるような。

また、香水をつける人にも、つけない人にも、ぜひおすすめしたいのが、「名刺香」というもの。名刺入れのなかにそっと忍ばせる香りの袋です。

名刺交換の場で、金木犀の香りのついた名刺をいただいたとき、やさしい香りがふんわり漂って、「なんて素敵なセンス！」と感動したことがありました。

名刺に香りをつけておくことで、「いい香りですね」と会話が始まったり、その場だけでなく、相手が持ち帰ってからも思い出してもらえたり。これならマナー違反になることもなく、香水よりもずっとインパクトがあり、好印象をもたれます。

名刺香は白檀や桜など自然の香りで、だれにでもウケがいい。私はお財布に入れて、レジで香りつきのお札を出すと、「こんないい香りのお札、初めて」なんて笑顔が返ってきます。

パスケースやペンケース、バッグのなかに忍ばせておくのも、見えないおしゃれ。開けるたび、ぽわんと漂う移り香に、自分も癒やされます。

ふと心地よくなる「さりげない香り」は、センスの極みだと感じるのです。

32

愚痴を「笑いのネタ」にして話す

愚痴なんて言わないほうがいいとわかっていても、「だれかに愚痴らなきゃ、ガス抜きができない」「少しでもつらい気持ちを聞いてほしい」ということがあります。そんなときは、いいではありませんか。愚痴っても。

ただし、愚痴には流儀があります。愚痴の言い方にも、センスのよし悪しが出るのです。センスのよくない人の愚痴は、目を三角にして口が歪み、怒りや悲しみに満ちています。「こんな会社、やってられない。幹部がひどい人ばかりで……」とだらだら続くので、聞いているほうも不快な感情が伝染して、引きずってしまいます。

センスのいい人は、愚痴を笑いのネタとして楽しく語り、早めに切り上げます。

「そうきたか！って、もう笑うしかない。私、この会社でずいぶん精神力が養われたと思う」と、ポジティブに締めるので、聞くほうも安心して乗ってきます。「私も夫との生活を長く続けて、悟りを開いた境地よ」と、明るく愚痴れるわけです。

そんな人は、嫌なことをそのまま愚痴るのは〝野暮〟だと思っています。

ユーモアのセンスや遊び心をまとって、相手を楽しませることが〝粋〟で美しいことだと、どんなことも笑いに変換するのです。たとえばサラーリマンの悲哀を詠った川柳も、クスリとする笑いがあって、カッコいいとさえ感じるほど。

「粋とは、痩せ我慢の美学」と聞いたことがあります。いい意味で格好をつけて、相手に喜んでもらうことで自分も救われ、品格も育っていくのでしょう。

身近な人に言いにくいことを言うときも、茶化すのではなく、真面目でありながら少しだけユーモアを交えて和ませる。最後は「期待してます」とにっこり終わらせ、後味さわやか。ネガティブなことに向き合うときは、ひとさじの笑いや遊び心を加えるのが作法といえます。

そもそもユーモアとは、つらいことを乗り越えるために生まれたものなのです。

33

見知らぬ人にも「お先にどうぞ」

スーパーマーケットのレジで、卵のパックだけを持って並んでいたら、前にいたご婦人が「私はたくさんあるから、お先にどうぞ」と譲ってくれました。そんなとき、大げさなようですが、「世の中、捨てたものではない」という気持ちになるもの。また、先日はエレベーターで、男子高校生が「お先にどうぞ」とにっこり。その日は雨で服も濡れて、気が急いていたので、まわりを気遣う余裕のなかった自分を反省。私も「お先にどうぞ」の心を忘れずにいたいと思ったことでした。

「お先にどうぞ」は、その人の〝美学〟ではないかと思うのです。

さらりと譲ることで、ゴタゴタした状況が、すっきりとすることは多いのです。

少しだけ譲ることで、その人の品格はぐんとアップします。

「お先にどうぞ」の対局にあるのは、「われ先に」。電車やバスで空席めがけて猛ダッシュしたり、バーゲンで商品を取り合ったりする姿は、自分のことしか考えられない気持ちが丸出しで、はたから見て恥ずかしいとさえ感じます。せっかく素敵なファッションをしていても台無しです。

電車やバスで重い荷物を持っている人、立つのがしんどそうな高齢者に席を譲ったとしても、立っているのはせいぜい数十分。「お腹を引き締めたかったから、ちょうどいい機会」と痩せ我慢をするのもいいではありませんか。

少しだけ痩せ我慢することで、心の余裕も生まれてくるものです。

ただし、痩せ我慢は「すっきり気持ちがいい」と感じるさじ加減が大事。自己犠牲になるほど我慢してしまったら、わだかまりが残り、本末転倒です。

また「お先にどうぞ」と譲ってもらったら、「すみません」ではなく、「ありがとう」と気持ちよく甘えるのも礼儀。譲ったり、譲られたりで、スマートな関係、スマートな社会になっていくのです。

34

手土産は、ひいきの和菓子・洋菓子屋

手土産ほど、センスのよし悪しが出るものはないでしょう。編集者というのは、仕事柄、贈り物をする機会が多く、情報通だからか、ほんとうにセンスがいい。いただくのはテレビや雑誌で話題になっている有名店の新ブランドや、高級ホテルの限定クッキーなど、「さすが、ひねりが効いていますね」という品々。かつて私が「チョコを常備している」と言ったことを覚えていて、プロ並みに美しい手作りのオレンジピールをいただいたときは、感動して泣けてきました。

いい品であることはもちろん、相手を思う気持ちが伝わり、「こういうの、欲しかった」と喜んでもらえてこそ、気の利いた手土産なのでしょう。

もともと私は、手土産を選ぶのが大の苦手。直前になってデパートの地下をぐるぐる歩き回ってもピンとくるものが見つからず、結局、だれもが知っている無難な銘菓を贈ってしまい、芸がないことに。昨今は、ネットですぐに値段もわかってしまうので、なかなかいい手土産を選ぶのはむずかしいのです。

「近くにひいきの和菓子店、洋菓子店をもつと、すべてが解決する」と教えてくれたのは、贈り物名人の友。和菓子なら季節のラインナップがわかっているから選びやすく、商品やその店についてのうんちくも語れる。値が張らない品でも「あなたが春に持ってきてくれる、いちご大福が最高」などと喜ばれ、期待されるのだとか。

私も実践してみたところ、選ぶのがほんとうにラク。お菓子のほかに、製茶、果物屋の馴染みができて、奇をてらわなくても「今年の一番茶です」「ここの農家で採れたミカンは、私のなかではベスト」などちょっとした理由で喜んでもらえます。お店の人に相談して決めたり、試食したりしているので、自信をもって手渡せます。

「身近にあるものを贈る」というのが、もっとも基本的で安心感のある手土産なのかもしれません。

35

「おもてなし」は軽やかに、さりげなく

「世界幸福度ランキング」の1、2位の常連であるデンマークを旅したとき、デンマークに住む友人がこんなことを言っていました。

「心地いい空間や時間を楽しむ〝ヒュッゲ〟って特別なおもてなしはしないの。肉を焼いてポテトをつけるだけだったり、みんなで料理を持ち寄ったり、後片づけも一緒にしたり、いたって普通。無理がないから気軽に『ヒュッゲしよう』って誘えるし、気軽に応じられるんですよね」

私もヒュッゲに何度か参加したのですが、ホストがぜんぶ準備するのではなく、数人で買い出しに行って、わいわい料理したり、だれかがピアノを弾き始めてみん

なで歌ったり、おしゃべりが弾んで深夜になったり……と、みんなが主体的になって、その場の流れを楽しもうとする空気感がとても心地よかったのです。

そんな心地いい時間や空間を追求してきたからこそ、デンマークは家具や照明、建築などのおしゃれなデザインが発展したのかもしれません。

ホストも負担のかかるもてなしはしないけれど、庭に生《な》っているブルーベリーを摘んできたり、素敵な音楽をかけたり、アロマキャンドルを灯したりと、さりげない心遣いをしてくれていて、客人にとっては歓迎されている心地よさになるわけです。

「無理をしないこと」も、ひとつのポイント。日本人は人をもてなすときに、完ぺきにやろうとするから億劫《おっくう》になるし、もてなされる側も肩が凝るのです。

「うまくやることより、楽しむことが大事」という暮らしの本質をわかっていれば、自分にも相手にもやさしくなれるし、気軽に声をかけ合える。無理がないからこそ「人に喜んでもらうことを楽しむ」センスも、磨かれるのではないでしょうか。

36 万年筆で文字を書く

書類を送ってもらうとき、万年筆で書かれた一筆箋が添えられていると、「お！」と目が留まります。相手を大切にしようとする心構えがさりげなく感じられて、こちらもちゃんと対応したくなります。

ビジネスマンだけでなく、芸術家、学生、主婦など意外な人が意外なところで万年筆を使っているのを見ると、新鮮な驚きとともに、「こだわりのある人」「デキる人」「丁寧な人」「物を大切にする人」など、さまざまな情報が伝わってきます。

ときどき、男性でファッションの一部のように、胸ポケットにモンブランなどの高級万年筆を挿している人がいますが、あまりエレガントとはいえません。

人に見せびらかすためでなく、たしなみや礼儀、自分の好みとして内ポケットやカバンに忍ばせておいて、いざというときに取り出すのが粋ではないでしょうか。万年筆を好むのには、文字が美しく味わい深くなる、書いていて気持ちがいい、長く使うと愛着がわくなど、いろいろと意味があります。

パソコンがない時代の文豪は、万年筆の原稿が多いもの。紙に触れることでインクが零れ落ちるという構造上、ペン先に力を加えることなく速くすらすらと書ける、長時間書いても疲れない、気持ちがダイレクトに出ることが理由ではないかと思います。丁寧に書けば丁寧に、乱れた心で書けば乱れて……といった具合に、驚くほど、書き手の心の状態が文字に表れやすいのも万年筆ならでは。

ユダヤ人の家庭に嫁いだ女性から「ユダヤの子供は13歳のお祝いに万年筆をもらう」と聞いたことがあります。これまで普段使いしていた鉛筆を万年筆に変えるのは、文字と同じように、言葉も行動も簡単に消すことができず、あとに残る。自分の考えと責任をもって生活しようとする大人の心構えなのです。

万年筆は大人のたしなみとして一本持ち、大切に使っていきたいものです。

37

おもてなしに季節の「一輪挿し」を飾る

ご自宅を訪問したときに、玄関やリビングに季節の花が飾ってあると、それだけであたたかいおもてなしを受けているように感じます。

でも、「花を飾りたいけれど、知識がない」「花や花瓶を買う経済的な余裕がない」などと躊躇する人もいるのではないでしょうか。

花を飾るコツをわかっておくと、お招きするときだけでなく、花のある暮らしを気軽に楽しめるようになります。

まず試してほしいのが「一輪挿し」。花屋では1本からでも購入できるので、好きな花を直感で1本から数本、選ぶといいでしょう。バラやチューリップ、ヒマワ

リ、ダリアなど大きく華やかな花は、高さのある瓶やグラスに飾ると、1本でも存在感バツグン。リビングや玄関など広い空間でも、見栄えがするでしょう。

スミレやタンポポ、スイートピーなど可憐な花は、シンプルで小ぶりの花瓶に。洗面台の横やお手洗い、窓際、サイドテーブルなどにさりげなく置くのがおすすめ。ほかの置物と組み合わせて一輪挿しを置くのも、おもてなし感が上がります。

わかっておくべきは「花瓶がなくても大丈夫」ということ。自宅にあるグラスや、ジャムなどの空き瓶などに気軽に飾ってみましょう。散歩中に拾った花を集めて、ガラスの器に浮かべ、〝フローティングフラワー〟にするのもおしゃれです。

友人宅で「すごい！」と感動したのが、一輪挿しの小さな瓶を数個集めて、それぞれ別の花を飾ること。花瓶との組み合わせ、高さ、ボリュームなどにメリハリをつけると、ずらりと並べたときに絵画のようなインテリアになるのです。

大きな花瓶に華やかに花が飾られているのも美しいものですが、家のあちこちに一輪挿しがあると、そのたびにほっこりして目を留め、鑑賞するもの。季節に合った花を選んで、気軽なおもてなしを楽しみましょう。

38

お墓参りに行く ほんとうの理由

感性と知性の備わっている人の多くは、お墓参りをしている、または、お墓参りに代わる故人や祖先に手を合わせる場所や習慣があるのではないかと思います。

なぜならそれは、自分という存在を確かめ、感謝する機会だからです。

何百年、いえ何万年と命をつないでくれた祖先がいること。さまざまな命が関わって自分が存在していること。そんな自分の根っこをしっかり感じると、自然に感謝の念がわいて手を合わせ、丁寧に生きたくなります。

お墓参りやお寺は、祖先や故人になにかをしてあげる場所ではありません。

入退院を繰り返していた母が亡くなったとき、ご住職がこんな言葉をくれました。

「お母さんのことをもう心配する必要はありません。亡くなった人はみんな穏やかでいますから。それより自分やまわりの人のことを気遣い、大切にしてください」

私にとって、母との別れを現実的に受け入れていくのが、お墓という場所でした。

墓参りというと、お供えをしたり、墓石をいいものにしたり、お彼岸に行ったりと、文化的、宗教的なことを大事にしようとします。それにも意味はありますが、故人や祖先がほんとうに望んでいることは、そこではないような気がするのです。ほんとうに求められているのは、私たちが幸せであること、命を大切にすることです。いま幸せでないのなら、もしかしたらエゴや甘えがあるのかもしれません。どんな人生であっても、きれいな心をもち、心から満足できるような日々を送れたら、ご先祖様も「よくやったね」と喜んでくれるのではないでしょうか。

私は新刊が完成したとき、両親の写真の前に本を置いて、手を合わせます。日ごろから目に見えないものに対して敬意を払うことで、偉大な力を与えてもらっているような感覚があります。そして、だれも見ていなくても、恥じないように美しく生きたい、「思う存分、楽しませてもらいますね」と思えてくるのです。

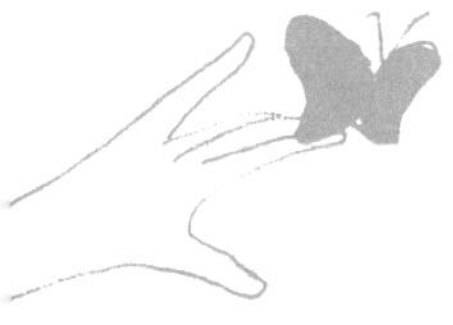

第4章

言葉が伝えるセンス

39

「いい言葉」を書き留める

「ほしいものが、ほしいわ。」

これは１９８８年、糸井重里さんによる西武百貨店のコピーでした。時代はバブル絶頂期。十代の宮沢りえさんと、若い男性がキスをしかけているポスターとともにこのコピーは広がり、多くの人びとを消費に向かわせたのではないかと思います。

私にとっては、これまで待ちの姿勢だった女性が「自分がどうしてもほしい恋人や、商品を手に入れるのだ」という意思に感じられて、新しい時代の到来にワクワクしたものです。このシンプルな言葉は、時代を変えるほどの力がありました。

「ほしいものがほしいのは、あたりまえ」となりそうですが、この「同義反復」は別の意図を含んで使うことが、意外に多いのです。「好きだから好き」「あなたはあなた」「スターのなかのスター」というように。そして、それをだれもが理解します。

言葉のセンスとは、わかりやすく端的な表現で、意図が的確に伝わることです。

私も著者として言葉のセンスが未熟なので、いい言葉を見つけたら、書き留めておきます。本のなか、SNS、人とのおしゃべり、街の看板など、胸にずしんと響くことが度々あるもの。幼い子がドキッとする名言をつぶやくこともあります。

あとで読み返すことがなくても、書き留めて〝センス〟を収集しているうちに、いつかひょっこり、自分のなかからも素敵な言葉が生まれてくるような気がします。

大切なのは、いい言葉に触れることです。最近、坂村真民さんの詩集でガツンとやられたのが、「うごいているから、うつくしいのだ」という言葉。端的だけど深い。昭和時代の言葉でありながら、すべて平仮名というのも、美学を感じます。

SNSで見かけた「全ての男性はほぼ全ての女性がうっすら好きだけど、全ての女性はほぼ全ての男性がうっすら嫌い」もどこか言い当てていて、〝うっすら〟の使い方が絶妙。「その言葉、面白い」と感じることが、始まりかもしれません。

40

自分の言葉で「例え話」を考えてみる

言葉の感覚のいい人は、大抵、「例え話」がうまいもの。絞り出している様子はなく、「マクドでモスバーガーを頼むくらい失礼な話」「ジャイアンとスネ夫みたいな主従関係」「借金の保証人になるくらいダメなこと」と、するする流れ出てきます。

例え話がうまい人は、一瞬で相手にイメージを伝えることができます。聞いた人は、まるで映画や絵画のように鮮明に、その情景を思い描けるのです。

相手にとってむずかしい話も、レベルに合わせて話すので、「なるほど！　そういうことか」と頭の中の霧が晴れたような感覚を覚えます。パソコン音痴な人に「圧縮と解凍」の意味を伝えるとき、「大容量のワカメをそのまま送ると重いから、乾燥させて送り、届いて水で戻す感じ」などとイメージで伝えて、理解してもらえます。

むずかしいことではありません。だれもが「図書館みたいに本が多い」「初恋のときくらい、キュンとした」「父親なんて空気かＡＴＭみたいな存在ですよ」というように、相手にイメージやニュアンスを理解してもらおうとするでしょう。「地獄で仏に会った」「鳩が豆鉄砲を食ったような顔」など、よくある格言、慣用句も悪くはありませんが、手垢のついた表現で、面白みはありません。

簡単でも自分の言葉を使うことが重要。ともかく具体的に「思い描いてもらう」ために、例える3ステップは「本質をつかむ→抽象化する→別の表現をする」です。

たとえば「地味にイラッとする」感覚を伝えたいとき、自分の日常を思い浮かべて「弱いＷｉ‐Ｆｉぐらいイラッとする」「レジ袋が開かなくてイラッ」「洗濯物の靴下が裏返しでイラッ」などいろいろ出てきます。

遊び感覚で「面白い例えは？」と考えることで、〝例えセンス〟は磨かれます。

例え話がうまくなると、「あの人の話はわかりやすいし、面白い」と安心感、信頼感をもたれることは間違いありません。

41

愛のある「あだ名」で呼んでみる

「例え話」と似ていますが、「あだ名つけ」も、表現のボキャブラリーを増やすのに、もってこいのお遊び。感覚のいい人は、その人にぴったりで、呼びやすく、しかも失礼にならないあだ名を考えるのが得意です。

中学生の姪はあだ名つけの名人。「サチ子」という名の祖母を「さっちー」、祖父は「よっしー」と「けんけん」、親戚には「ゆきりん」「ダイアナ」などの呼びやすいあだ名をつけていました。普段は「おばあちゃん」「おじいちゃん」でも、トランプやカラオケのときなど、あだ名で呼ぶと、場が和むもの。まわりもそう呼んで、本人も喜んでいたので、あだ名はより近い関係になるのに効果的といえるでしょう。

あだ名つけのうまい人は、イメージや雰囲気、背景の情報からも言語化します。たとえば、恰幅がいい赤ちゃんは「大将」、メガネでインテリふうの人は「博士」、おしゃれで上品なご婦人は「マダム」というように。「大将、ミルクは飲まれますか？」など遊び感覚で言葉遣いも変えると、より盛り上がります。

あだ名つけで抜群だと思ったのが、タレントの滝沢カレンさん。黒柳徹子さんを四字熟語で「早口国宝」、中居正広さんは「支配抜群」、サンシャイン池崎さんは「小声希望」など、まさに言い得ているというあだ名。2つの異なる単語を組み合わせて新しい言葉を作る。ひとつのイメージから派生した言葉と作るなど、独特の世界観があるようです。

キャッチフレーズを作るのが得意な友人は「世界一美味しそうにプリンを食べる男」「息を吐くようにおしゃれをするマドモアゼル」など命名。内輪ウケでも何年も言われ続けているのは、一度聞いたら忘れず、ぴったり当てはまるフレーズだから。

あだ名をつけるのがうまい人は、人間関係の間合い、空気感を測るのがうまい。相手への敬意がいちばんにあるからこそ、センスは生まれてくるのでしょう。

42

「空を表す言葉」を覚えてみる

空を仰いで「どうやら今日も花曇りのようですね」などと、空や天気の言葉をさりげなくつぶやく人には、教養を感じます。

「花曇り」とは、春、桜の咲くころ、空一面、うっすらとねずみ色に見える曇天のこと。春は移動性高気圧の晴天と、低気圧の悪天候との間隔が短く、前線が停滞しがちなので、花曇りになりやすいのです。

日本語には空や天気を表現する美しい言葉が、数多くあります。さまざまな言葉を知ることで、自然の変化に敏感になり、観察する力が養われるはずです。

「今日は雲ひとつないいい天気だなぁ。こんな空のことをなんて表現するのだろ

う」というように、一つひとつ空や天気を表す言葉を覚えていくといいでしょう。

晴れ上がった美しい青空のことは「碧天《へきてん》」「碧空《へきくう》」。吸い込まれそうな青空は「蒼《そう》穹《きゅう》」。蒼は「深い青色」、穹は「ドーム型」の意で、円を描いた大空に使います。濁りなく澄んで清らかな空は「清澄《せいちょう》」。清らかで穏やかな世を意味する言葉でもあります。多様な表情をもつ空や天気は、心理や状況の描写としても使われてきました。よく「青天の霹靂《へきれき》」「風向きが変わった」「雲行きが怪しい」などといいますが、単なる自然現象ではなく、空や天気はとてもゆたかな意味をもつ言葉なのです。

ほかにも美しいと感じたのが「掻《か》き曇る」。急に雲で覆われて、暗くなる様。涙で目の前がはっきり見えない様子を表す言葉でもあります。朝日や夕日の茜色に染まる「茜雲」。木の芽をやさしくなでる春の雨「木の芽流し」もどこかで使いたい。

また、夜明け前の空や時間帯は「薄明《はくめい》」「暁《あかつき》」「東雲《しののめ》」「曙」、朝は「黎明」、夕方は「黄昏」、夜は「宵」など知っておくと、情景を描写するバリエーションが広がり、手紙やメールのやりとり、日記などにも使えます。なにより自然を表す言葉を知っていることは、自然を身近に感じるゆたかさになっていくはずです。

43

メールの「お世話になっています」をやめてみる

「お世話になっています」というメールの書き出しをやめて、久しくなります。

なぜ書かなくなったかというと、空々しく感じるし、情緒もないから。

もちろん、「お世話になっている」という感謝の気持ちはあり、折に触れて感謝も伝えます。しかし、いつでも、どこでも、だれに対しても、まず「お世話になります」では、言葉と気持ちのズレがあり、違う気がするのです。

実際に顔を合わせて「こんにちは」と言う挨拶と違って、メールの定型文では感情が伝わらず、なおさら冷たく感じてしまう。「お世話になっています」のあとの文は「書類を添付します。よろしくお願いします」となり、まるでＡＩが書いているよう。それぞれの関係性においての挨拶の仕方があるように、冒頭の言葉はとても大事。その人に向けてのオリジナルな言葉があるはずです。

「定型文のほうがラク」と思われるかもしれませんが、むずかしいことではありません。会話をするように「こんにちは。雨が続きますね」「風薫る季節になりました」「先日はランチをご一緒できてよかったです」など、なんだっていいのです。

それだけで、血の通った言葉になり、相手とちゃんと向き合う姿勢になります。不思議とそのあとの文も、伝えたいことが、会話のようにするする出てきます。

仕事でやりとりをする編集者さんの書き出しに感動することがあります。

「こんにちは。やっと夜も暖かい日が増えて、外呑みが楽しい時期に突入です」「実家に帰省し、MC的な立ち振る舞いでがんばったところ、全員の話が弾みだしたのが正月のハイライトです」「今週末、開花しそうですね。冬コーデはもうじゅうぶん楽しみました」など、情景がリアルに思い浮かんで、心の距離がぐっと縮まります。

「自分の言葉を紡ぐ」習慣は、表現のボキャブラリーを増やすと同時に、人と人とのコミュニケーションを丁寧にする習慣になるのです。

44

好きな本を声に出して読む

ときどき、「朗読カフェ」という会に参加することがあります。一人ずつ前に立って、好きな本を5分ほど朗読するというシンプルなものですが、大きな声で朗読したあとは、だれもが目が輝いて、驚くほど晴れやかな表情になっています。

文字を目で追うと同時に、みんなが理解できるようにゆっくりと、抑揚をつけたり、情感を入れたりして読むと、自分の耳でもしっかり聞いていて、文章が体に染み込み、本を通して目の前の人たちとつながるような快感があるのです。腹式呼吸ができて、副交感神経のスイッチが入り、心の解放やリラックス効果もあるでしょう。

家でも、「ここは大事!」「このページは好き」という部分だけ、数分、声に出し

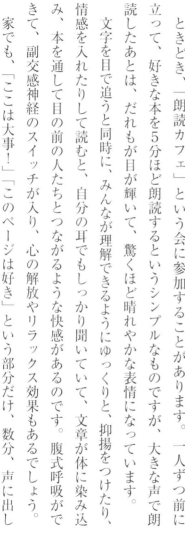

て読んでみます。すると、黙読するのと、音読するのでは、まったく感じ方が変わります。「そういうことだったのか」と理解力が深まったり、「言葉の選び方が絶妙でわかりやすい」と新たな気づきを得たりすることがあります。

考えてみると、私たちは普段、自分の頭で考えた内容、単語、会話文しか口に出すことはありません。他人の考えた文章を、自分の口から出すのは、とても新鮮。これまで自分のなかになかった新たなキーワードや文章の構成、内容、リズムやテンポのよさなど他人の言葉が血肉や活力となり、記憶のなかにも定着していきます。

今日は宇野千代さんのこんな文章を音読しました。

「言葉が言葉をひき出す。前の言葉があとの言葉もひき出す。その自分の言葉でもっと亢奮《こうふん》したり、腹を立てたり、もっと情深くなったりする。言葉がさきに立って感情を支配する」

いい文章はリズムがあり、声に出して読みやすいもの。極端な話、音読をすることで優れた作家の魂が乗り移って、私も名文が書けるのではと、図々しく考えたりします。名文とまではいかなくとも言葉が磨かれると確信するのです。

45

「ポジティブな言葉」に変換すると決める

「私、いろいろやり始めるのは得意なんですけど、続けるのが苦手なんです」

昔、知り合いの女性にそう話したら、こんな言葉が返ってきました。

「続ける必要ってある？　切り替えが早くて、次に進めるのはすばらしいわ」

なるほど、「なんでも続けなければ」と思っていたのは私の思い込みだったのだと、ほっとするのと同時に、「言葉のセンスってこういうことだな」と思ったのです。

「続けるのが苦手」というネガティブな言葉を、「切り替えが早い」というポジティブな言葉にさらりと変換するのですから。

明るい人は、ネガティブな言葉をポジティブに表現する習慣があります。気持ちを変えようとしても、変わってくれないものですが、言葉を変えるのは、簡単。そう、「言葉が先」で、思考や感情はあとからついてくるもの。

人の性質は裏表。「優柔不断↓慎重」「いい加減↓おおらか」「単純↓純粋」「頑固↓自分をもっている」「未熟↓伸び代がある」などポジティブに言い換えることができます。苦手な人がいても、「あの人のせいで」を「あの人のおかげで」とプラスの言い方をしてみるだけで、別の側面が見えて、気持ちがラクになっています。「全然給料が上がらない」と愚痴っても、「でも健康で働けるのはありがたい。キャリアアップできるようがんばる」と明るく締めくくる、「仕事に行きたくない」と心で思っても、「さっさと行って、さっさと帰ってこよう」なんて言ってみる……。

言葉を体全体で受け止めて、いちばん影響を受けているのは自分自身なのです。

「ネガティブをポジティブな言葉に変換する」と決めませんか。

1週間、2週間と意識してやってみると、「いままで悩んでいたのはなんだったのか」と思うほど、物事はいい方向に導かれています。人間は使っている言葉でしか、思考することはできません。すべては、「言葉が現実をつくっている」のです。

46

10分間、モヤモヤすることを書き出してみる

忙しすぎて心ここにあらずのとき、人間関係でモヤモヤしているとき、身の振り方で迷ったとき、なにもないときでも、10分間、いま考えていることを書き出してみませんか。

モヤモヤは、言語化することで自然に消化していくのです。

「なにについてモヤモヤしているのか」「どんな気持ちなのか」「どうしたいのか」を言葉にして、自分の心を客観的に見つめることで、心は穏やかになります。

言葉にするとは、感覚的なものをつかまえて、考え始めること。

「最近、ずっと疲れてた」などと言葉にするだけで、睡眠をとったり、無理をしな

いようにするでしょう。「自分らしさってなんだろう」「どんなファッションが好き?」などテーマを決めて、自分との対話に使うのも頭を整理するのに効果的。言語化したデータを、頭のなかのコンピューターが考え続けた先に、〝最適化〟された答えが導き出される……。そうして、センスはできてきます。言葉としてアウトプットできる人は、センスが磨かれ、歳を重ねるほど知的になるのです。

頭に思い浮かんだことを書き出す方法は、自分や物事を客観視して、メンタルヘルスや集中力を高める心理療法〝ジャーナリング〟としても知られています。

私は朝起きてすぐ、今日一日をどう過ごすかも含めて、A4の紙に書きなぐります。すると、面倒だと思っていた課題も、建設的に考えられます。

ただし、言語化するときは、「いま」の気持ちだけを書くことが大事です。

おしゃべりも言語化のひとつで、悩みを人に話すと、すっきりするものですが、過去や未来の気持ちはNG。失恋話を10人にしたら、恨みや後悔などが強まって、10回目にはまったく別なストーリーになってしまう、なんてことになりますから。

人間はいまの課題を考えることで、進化してきたのです。

47

なんでも「かわいい」と言うのをやめてみる

なにを見ても「かわいい」を連発する人は多いものです。同僚が髪を切ったのに気づいたとき、ショッピングで雑貨を見ているとき、ドラマに出てくる女優、赤ちゃんや動物の動画、道端に咲く花、レストランの内装、日なたぼっこするおばあちゃん、ギャクがウケずにいじける上司などなど。

しかし、繊細な感受性の人は「なんでもかんでもかわいいは、ちょっと違う」「面倒くさいから、かわいいで片づけているだけ」と感じているのではないでしょうか。

ほんとうは、それぞれに別な感情や情緒を抱いているのに、表現する語彙を持ち合わせていないために、その感性に蓋をしてしまっているのかもしれません。

「かわいい」は自分がどう感じているかよりも、子供が親に「見て見て！　かわいいでしょ」と言うように共感すること、賛辞することに意味があるようです。

まどろっこしい表現をするより、シンプルな「かわいい」がわかりやすく、共感しやすい。しかも、だれも傷つけずに安心して使える言葉だから、便利なのです。

「じわる」「エモい」「尊い」「うれしみ」など一時的に流行った言葉も、その意味がふさわしいかよりも、共感してつながることのほうに意味がある。といっても、一気に消費される言葉は、古くなるのも早く、すぐに噛み合わなくなります。

自分の言葉をもっている人は、自分自身の感じ方ができる人です。

「この言葉、安易に使っているな」と思うときは、別な表現をしてみませんか。

まずはスマホの「類語辞書」で調べてみるといいでしょう。「かわいい」は、可愛らしい、可憐、愛らしい、凛とした、清純、チャーミングなどいろいろ出てきます。

子犬を見て「ぬいぐるみみたい」「癒やされる」「家に連れて帰りたい」など素直な気持ちを言葉にするのもあり。語彙が増えてくると、感じ方も深さと広がりが出てきて、まわりの人とも個性と個性でつながれるようになるはずです。

48 短歌を詠んでみる

〈「東京で舐められんな」と言いながら兄がシャネルのルージュをくれた〉

これは私が参加する歌会の「はじまり」というテーマで、ある女性が詠んだ作品。上京する妹、ヤンキーっぽい兄、「都会といえばシャネル」という単純さ、でも妹想いで男気のある性格、これまでの兄と妹の関係性、地方と都会の時代的な距離感など、推察される情報が、三十一文字のなかにぎゅっと詰まっています。

この歌に触れたとき、友人としてその場にいるように情景が浮かんできたのです。

歌会に参加し始めて1年ほどになります。5、6人の著者仲間と短歌の先生で、それぞれ短歌を提出して、その感性を共有し合うということをやっています。

普段、長文で説明をつくす著者にとって、短文で「情景をイメージさせる」「伝えたい気持ちを伝える」ということは、とてもむずかしい。本人が意図した内容と、まったく違うニュアンスで解釈をされることもあります。それだけに、なにに共感してもらうか、言葉の選び方や順序、リズムなどを磨く訓練になるのです。

短歌を詠むようになって、素直な気持ちがいちばん伝わりやすいこと。また、言葉にすることは、感性をしっかり記憶に留めることだと感じます。たんなるノスタルジーではなく、心の整理をすることや感性を高めること、人の気持ちを思いやることにつながります。「歳をとると涙もろくなる」と言われますが、喜怒哀楽のさまざまな経験をした結果、背景を感じ取る力や、共感力が高まるからでしょう。

〈生き延びてラグビー見いる床の母トライするたび命わきたつ〉

これは恥ずかしながら、母が他界する1カ月前に私が詠んだ歌。母が病床で、楽しみにしていたラグビーワールドカップを観て、声援を送っている様子です。

短歌は季語がなく、「五・七・五・七・七」とはいえ、字余り、字足らずもＯＫ。

の気持ちは留めておきたい」というとき、詠んでみてはいかがでしょう。

第5章

センスいい人は遊びがうまい

49

カッコ悪くても遊ぶ

多くの人が遊びや学びで積極的になれない理由に、「失敗するのが恥ずかしい」「いまさらカッコ悪いことはしたくない」ということがあるのではないでしょうか。生き生きしている人は、人目を気にして動かない人ではありません。

たとえば英会話教室に通っているとき、「みんなの前で間違うとカッコ悪いから、なにも言わない」ではなく、拙《つたな》くても積極的に発言しようとするし、年下から間違いを指摘されても「そうなんだ。ありがとね」と謙虚に教えてもらいます。間違うことがカッコ悪いのではなく、それを気にして挑戦しないほうがカッコ悪いと知っているからです。実際、一生懸命な姿は、とても魅力的に映ります。

私も伝統楽器やスポーツなどに挑戦していて、いつも「私がいちばん下手」という状態。ですが、恥ずかしさはなく、むしろ伸び代があることが嬉しいと感じるほど。

若いころは自信がないのに自意識過剰でプライドだけは高くて、「失敗したらどう思われるのか」「無様な姿を見られたくない」と、臆病になっていました。

けれど、老いも若きもカッコ悪くあっていい。なにかを成し遂げようとがむしゃらなときは、大抵、カッコ悪いもの。「恥ずかしげもなくよくそんなことをやるなぁ」と言う傍観者より、はたから見るとバカみたいな趣味でも、「やりたくてやっているから」と真剣に取り組んでいる人のほうが美しいと感じます。

きっと、ほんとうの「カッコいい」は、「カッコ悪い」の先にあるのです。

いま、どんなにこなれて英語や楽器やスポーツができる人も、最初は不器用で、ダサくて、カッコ悪い状態から始まって、コツや感性が磨かれていったはずです。

人の目を気にして縮こまっている人は、ずっと鈍くなっていくままです。

だから、恐れることはありません。やりたいことをやりましょう。失敗したって、まわりの人はそんなに気にしていないのですから。

50

「ワクワクすること」はとりあえず、やってみる

センスのいい人たちは、忙しい立場にいても、子育てをしながらでも、定年退職したあとでも、「遊ぶこと」をとても大事にしています。

私のまわりでも生き生きとしていて「素敵だな」と感じる大人は、例外なくなにかしら趣味をもっていて、精力的に遊んでいます。キャンプ、山登り、釣り、ダイビング、マラソン、ゴルフ、乗馬、絵画、陶芸、骨董収集、観劇など、共通するのは、単純に「ワクワクすること」を、気負いなく、軽やかにやっていることです。

子供が「それ、やってみたい！」と言うように、ワクワクすることは、とりあえず、なんでもやってみます。夢中になれるものを見つけたら儲けものでしょう。

私が最近、夢中になっている遊びは「卓球」。子供のころ、近所の卓球場で遊んでいた経験からか「筋がいい」と友人にほめられて、来年、台湾で開催されるワールドマスターズゲームズに参加申し込みまでしてしまいました。卓球をやっている人同士でつながり、軽いラリーで盛り上がるのも楽しいものです。

年齢を重ねるほど、遊びのワクワク感は一層、強まるような気がします。

人は自分の未知なる可能性を発見したときに、ワクワクした好奇心がわくのです。「やりたいことがない」「なにをやってもつまらない」という人は、単純にあまり動いていなくて、面白いと感じることへの感度が、鈍くなっているのかもしれません。

だから、少しでも気になったことは、やってみることが大切。前から行きたかった観劇のチケットをとる。スポーツクラブの体験レッスンを受けてみる。家のDIYに挑戦してみるなど、すぐにできそうな小さなことから始めましょう。

人生の時間には限りがあります。「ワクワクすることは、とりあえずやってみる」という習慣は、人生を根本から変えてしまうほどのパワーを秘めています。

動くこと、夢中になることは、生きていく最強の武器かもしれません。

51 夏の線香花火を楽しむ

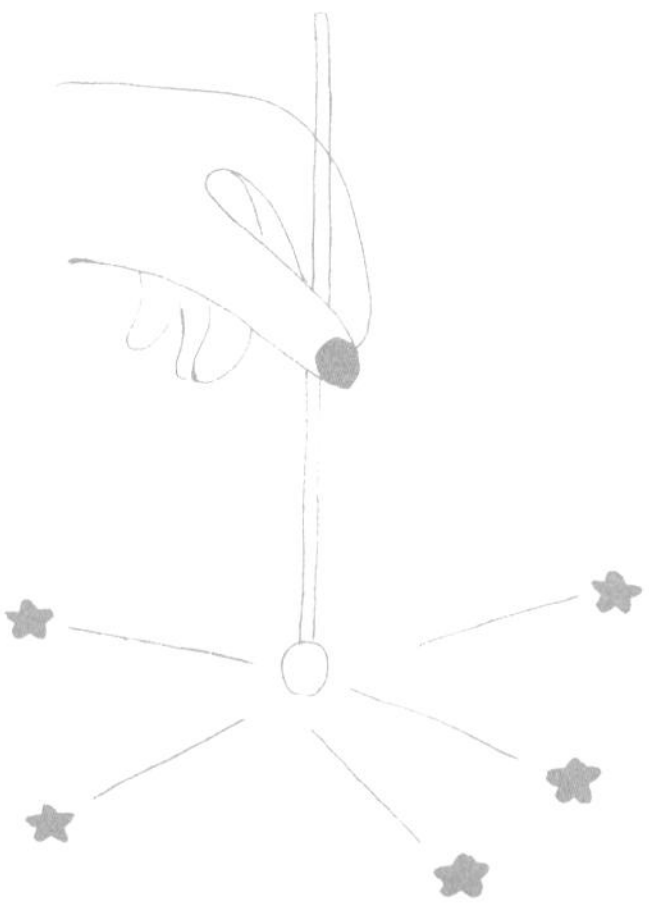

夏の風情を感じる遊びは、海水浴、スイカ割り、水鉄砲、かき氷、夏祭り、金魚すくいなどいろいろありますが、「線香花火」ほどの芸術の極みはないでしょう。

宵闇のなか、火をつけると、蕾のようなコロンとした火球ができて、バチバチッと松葉のように激しく火花を散らし、火が低調になったら風に舞う柳のように弧を描き、最後はチリチリと細い菊の花びらが散るように終わる……。数十秒の間に、じつに多彩な表情が生まれて、じーっと見入ってしまう儚い美しさがあります。

また、火薬の匂いを嗅ぐと、幼いころの夏休みの夜の光景を思い出すという人も多いのではないでしょうか。五感のなかで「嗅覚」は唯一、記憶を司る脳の〝海馬〟に直接、信号を送るといいます。線香花火が燃えている間だけ、タイムスリップして記憶が蘇ってくるようで、まるで「真夏の夢」の感覚があります。

何年か前に、数少ない純国産の線香花火の工場で、線香花火を手作りさせてもらったことがあります。火薬の量を専用のさじで量って、それに薄くてカラフルな和紙をくるくると撚《よ》っていく。素人が作ると、ぼたっと太い線香花火になり、火花も均一ではなく、すぐに終わってしまいます。細くて美しい形状と、長もちする火花は一本一本手作りで、職人さんの技術の賜物なのです。

そのとき聞いた話では、線香花火は300年前、藁スボの先に火薬をつけ、それを香炉に立てて火をつけて遊んでいたことが、始まり。西の線香花火は「スボ手牡丹」といって藁でできていて、先端を斜め上に傾けるもの。関東は「長手牡丹」といい、米作よりも紙漉《す》きが盛んだったため、和紙で代用して現在の標準形になったとか。

昔の人は、人の命の儚さを線香花火に見立て、しみじみ味わったといいます。

自宅の庭や土手など場所があって防火対策をすれば、案外、簡単にできる。伝統的な遊びを日常的に楽しんで、花火の香りとともにこの夏の思い出にしてみませんか。

52

地元の歴史資料館に行ってみる

美術館、博物館も魅力的ですが、ぜひとも一度は足を運んでほしいのが、いま暮らしている場所の「歴史資料館」です。人が少なくてゆっくり観覧できるのも魅力。歴史資料館は、歴史、民俗などの貴重な文化財が解説とともに展示されている施設。市町村にひとつはあるはずです。子供の遠足ではなく、大人になってから改めて行くと、「そういうこと?」と理解度がまるで違い、感動と発見が多いのです。

私は引っ越しのたびに、まずは「歴史資料館」から訪ねます。「この場所はどんな人がどんな暮らしをしていたのか?」「どんな歴史があるか?」を知ろうとするだけでその地域の生活文化にも興味をもったり、地元の人と会話が盛り上がったりします。

数年前、近くにある歴史資料館で、古代に暮らしていた「熊襲《くまそ》」という民族に興味をもち、手塚治虫の『火の鳥』を愛読。熊襲の酋長タケルと、彼を討伐しにきたヤマト国の王子オグナの物語から、日本人のルーツについて考えました。

大人になってからの学びは、知識の点と点がつながるような感覚があります。

また、家族や友人と博物館を訪ねて、わいわい感想を言い合うのも楽しいものです。

料理研究家の友人は、約1万年前の復元された竪穴式住居跡を見ながら、「なるほど、土を被せて蒸し焼きにしたり、トンネルを作って薫製を作ったりしていたのね。こんなにゆたかな食生活だったとは」と感動。私も土器などの展示室で、「縄文時代って土器も服飾もセンスが尖っている。おしゃれ好きでクリエイティブなのは、それだけ平和だったのね」なんて話す。それぞれ感じ方が違うから面白い。

古代だけでなく、戦国、江戸、近代など吸収したい知識は無限にあります。

なにかしら知識を蓄えていると、同じレベルで深く話せる人が自然に出てくるもの。なんにも知らないときは、深い話はできなかった。身近なものの奥深さを知ることは、もっとも基本的で、ゆたかなことだと実感しています。

53

一本の「私の好きな木」を観察する

海や山など自然のなかに佇むと、理屈抜きに癒やされた気分になります。

大自然を感じるのもすばらしいものですが、一本の「私の好きな木」をもって、春夏秋冬、一年を通してじっくり観察したり、ときどき会いに行ったりすると、自然のすばらしさに気づき、いろいろなことを発見できるはずです。

自宅の庭の木、通勤途中の街路樹、公園の木、川のほとりの木、里山の木など、「この木、なんか好きだな」という木があるのではないでしょうか。

たとえば、会社の窓から見える一本の桜の木。多くの人は、花の咲くときしか気に留めませんが、花が散ったあとも観察してみるといいでしょう。

　すると、入れ替わりに、美しい新緑の葉が茂り、涼やかな木漏れ日をつくっている。秋になると葉が黄や赤に変わり、冬には葉が落ちて枯れたようでも近くで見ると、冬芽が出てきている。これまで気づかなかったものが、見えてくるのです。

「私の好きな木」を一年通して見ていると、あっという間に時間が過ぎるようで、実際はじっくり淡々と過ぎているのだと時間に対する意識が変わってきます。

　だれが号令をかけるわけでもないのに一斉に花咲く自然の神秘に感動したり、

「今年は開花が早い？　どうして？」と環境の変化が気になったりします。

　私は、実家近くの神社にある樹齢１５００年の「私の好きな大楠」にもときどき会いに行きます。幼いころから見ていた大木は、いまも手足を広げた魔王のように健在です。ざらざらした木肌に触れてみると、すーっと浄化されるような感覚があります。涼やかな空気を感じたり、匂いを吸い込んだり……と、その木をしっかり感じようとすると、壮大な命や大地とつながったようで、なんともいえない幸福感。

「私の好きな木」は、いつもそこにあって、なにかを教えてくれます。自然との距離が遠くなりつつある現代、一本の木と対話をすることはとても意味があるのです。

54

気になったことは、速攻で調べる

子供は3歳ごろになると、「なんで？」「どうして？」を繰り返すものです。「なんで空は青いの？」「どうして鳥は飛べるの？」「どうして車は速く走れるの？」というように。脳の発達とともに行動範囲も広がってまわりのことを観察するようになります。しかし、知らないことが多いために「なんで？」と聞く。知りたい気持ちが満たされる快感で「知るって楽しい」「もっと知りたい」と思うのです。

そんな知的好奇心は、大人も失ったわけではありません。まわりに合わせることに忙しかったり、知った気になっていると、疑問も好奇心もわいてこないのです。「この人、賢いな」という人は、いつも疑問をもって答えを出そうとしています。

賢い友人たちとの間で話題になったのは……、

「最近、うちのまわりでミツバチが減ったらしいけど、どうして？」

「野球のゲームって、どこのだれが考えたの？　最初から9人制だったのかな」

「徒然草の書き出しの『そこはかとなく』って漢字にすると？　語源は？」

役に立たないことを、わりと真面目に考えるのが、大人の好奇心かもしれません。「知らないことを知る」という快感は、日々の生活の濃度を高めてくれる。疑問をもって生きる人、まったく疑問をもたない人の知識の差は歴然としてきます。

大人の好奇心を育てる方法として、手っ取り早いのが、「気になったことは速攻で調べる」という習慣。スマホは知的好奇心のある人にとって、最高のおもちゃ。「この花はなんて名前？」「この曲、だれが歌ってるの？」「古伊万里ってなに？」など少しでも気になったことは、なんでも調べてみましょう。ただし、自分でもわかりそうなことは考えたり、ネットの情報を疑ったりすることも必要です。

「いちばん賢いのは、自分が無知であることを知っている人」。そんな知識の積み重ねが、なにかアウトプットするときの特権になることは、いうまでもありません。

55

週1回、帰り道を変えてみる

知的好奇心のある人の特徴として、「ものごとに興味をもつ」「フットワークが軽い」「ポジティブな雰囲気」「挑戦が好き」「心の余裕がある」などがあるでしょう。

そんな好奇心を育てていく、ひとつの方法としておすすめしたいのは、「回り道」「寄り道」をすることです。

週1回でも、通勤通学の帰り、違う道を通ってみませんか。

すると、「こんな古いお屋敷があったんだ」「昭和の懐かしい看板がある」「あ、猫がいる。飼い猫?」など、新しい景色が広がっている。気になった店があったらふらりと入って、そこで初めての人と会話してみるのもいいでしょう。自然とものごとに興味をもって、フットワークが軽くなり、明るくなり……と、「知的好奇心のある人」に近づいていくはず。目的を決めずに、気ままにふらふらすることで、心の余裕も出てきます。単純に「見たことのないものを見る」のは、人間の本能的な喜びなのです。しかも遠いところを旅しなくても、身近なところに案外、素敵なものがあったのだと発見することは、特別な快感があります。

じつは、私は子供のころから、通学路を離れて回り道をして帰るのが大好きでした。「この竹藪の先はなにがあるんだろう」と思うと、確かめずにはいられない。そんな難儀な性質が、仕事や遊びも「すぐに脱線してしまう」という気ままなマイペース人間をつくってしまったのかもしれません。が、激しい好奇心があったから、知ろう、動こうとする筋力が鍛えられたのはたしかなのです。

社会生活のなかでは、時間やお金の範囲を決めて脱線することが必要です。週1回、忙しければ月1回でもいい。「今日は30分遠回りをしよう」などと設定して、違う道を通ってみるといいでしょう。いつもと違う行動をすることで凝り固まっていた心や思考が解き放たれて、やわらかくなっていくのを実感するはずです。

56

本を読んだ感想をだれかに伝えてみる

自分の世界を広げる習慣として、もっとも効果的で、もっともコストパフォーマンスが高いと感じるのが、「読書」です。一流の品や、優れたものを手に入れようとすると、なんでもお金はかかるもの。ですが、本だけは古今東西、優れた知恵や、ゆたかな感性と戯れる機会を、千円二千円で買うことができるのです。

書店に行って、「だれか私の話し相手になってくれる人、いる?」という感覚で一周すると、大抵「お、あなたと話したい!」と光を放っている本を見つけるはず。せっかく本を読むのですから、それが血や肉となるよう効果的に読みたいもの。まずは「いま読みたい本を、いま読む」に限ります。いちばんニーズが強い瞬間がいちばん心と頭に吸収される。「あとで」と積んでおいても熱は冷めてしまうはず。

そして、読書で「インプット」したことを、「アウトプット」することを習慣にすると、学びの定着率はぐんと高まります。方法は「自分だけのノートにまとめる」「文章を書いて人に伝える」などもありますが、いちばんは家族や友人など気軽に話せる相手を選んで、「読んで感じたことや、得た知識を話す」という方法です。

人に伝えようとすると、「面白い本だった」だけでは伝わりません。「この本はざっくり言うと〜〜。なにがすばらしいかって〜〜。わかったのは〜〜。読んだあと〜〜な気持ちになった。私だったら〜〜」というように、自分なりの考えでまとめて、率直な感想や意見を伝えてみるのです。

相手が「面白そうね。私も読んでみたい」と興味をもったら、抜群にうまく伝えられたということ。読んだ人同士で感想を話し合うと、さらに盛り上がります。

最初から「人に伝える」という前提で読んでみると、心構えも変わるもの。「この本がもつ魅力は?」「なにを伝えたいのか?」「自分はどう思う?」など考えながら読むので、ただ漫然と読むより何倍も理解力が高まり、学びも深くなるのです。

57

美術展は「チラ見」と「セレクト見」で2周する

「美術展に行ったら、自分の〝ベスト1〟を決めるつもりで鑑賞するといい」

ある美術の先生がそう教えてくれたことがありました。

たしかに、ただ鑑賞するだけでは、思い返すことはめったにないもの。「いちばん好きな一点を決めよう」と鑑賞すると、数十年経っても「あの作品は、繊細なタッチで吸い込まれるような魅力があったなぁ」などと思い起こすことがあるのです。

そこで、おすすめしたい美術展の鑑賞方法は、「チラ見」と「セレクト見」で2周するというものです。

まずは、1周目は鑑賞の列にはあえて入らず、外側を歩いて、気になる作品を見つけるように、チラチラと〝チラ見〟しながら1周し、全体像をざっくりと把握します。つぎに「もう一度見たい」と思う作品を数点、じっくり〝セレクト見〟しながら2周目を巡るのです。

「これはいいな」と思った作品は、しばらく眺めて、「どうしてこの作品に惹かれるのか」「作家はどんな思いで描いたのか」などと想像したりします。

また、近寄ったり、離れて見たりと、視点を変えながら、その絵の繊細さやダイナミックさ、空気感なども感じてみます。こうすると、一点でも本気で作品と対峙した感覚があって美術展を出るときに、ちゃんと見たという満足感を得られます。

私は家に帰っても「もう一度、見たい」という気持ちになって、開催中2回行く企画展もあります。そこまで好きな作品があると、アートブックやポストカードも欲しくなるもの。大好きな作品を、度々眺められるのは、贅沢なひとときです。

美術に関するテクニックや背景がわからなくても、好きな作品というのは情熱や美意識、情緒、敬意などなんらかの思いや哲学が伝わってきます。その思いが純粋であるほど心を揺さぶられ、刺激を与えてくれるのです。

58

身近にいる専門家の話を聞いてみる

「専門家」というのは、街のいたるところにいるものです。

たとえば、八百屋さん、肉屋さん、農家、漁師、大工、庭師、和菓子職人、料理人、ジムのトレーナー、エステティシャン、ヘアスタイリスト……。

そんな身近な専門家と出会ったら、せっかくなので質問してみませんか。

たとえば、八百屋さんなら「この野菜っていまが旬？　どんな料理にするのが美味しいですか？」という具合。すると、「よくぞ聞いてくれました！」とばかりに、野菜の産地、レシピ、保存方法など、質問していない情報まで教えてくれます。

私が大型スーパーよりも、できるだけ個人商店に行きたいのは、こんな貴重な学

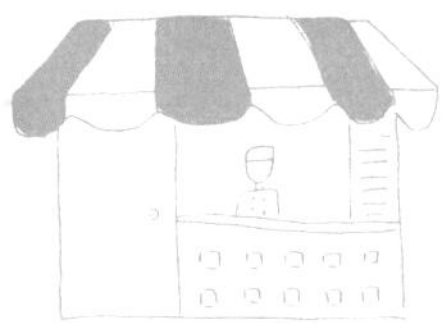

びが得られるから。「専門家」をリスペクトし、応援したいという気持ちもあります。

なにより専門家が長年、手足を使って習得した〝センス〟を見せてもらうのは、最高の喜び。たとえば、肉屋さんで「さすがだなぁ」という美しい肉の切り方をしていたり、一回、つかむだけで、頼んだのとピッタリの重量だったり。引っ越し業者の、芸術的な段ボール箱の詰め方に感動して、コツを聞いたこともありました。

ネットで検索しても、あらゆる情報が出てきますが、直接、専門家から教えてもらった情報は、地に足がついた安心感、信頼感があるものです。

数年前、ドライブの途中で見つけた温泉に入っていると、あとから入ってきたご婦人が「これはうちの温泉で、本業はお茶農家なのよ」と声をかけてきました。

「お茶、大好きです！」と言うと、茶畑や工場を案内、1時間以上かけてお茶の淹れ方や、お茶を使った料理のレクチャーをしてくれました。「お茶は淹れる温度によって、味も成分も変わるからそれを楽しんで」などと言って。一煎目は低温度で蜜のような甘さ、少しずつ温度を上げて最後はコクのある渋みに変化する様に感動。

「専門家」のセンスとは、仕事への愛情から生まれてくるのでしょう。

59

歴史的建造物に泊まって タイムスリップする

外国人の友人に何度かこんなことを言われたことがあります。

「日本にはすばらしい伝統建築の旅館やホテルが数多くあるのに、なぜ多くが寂れているのか。日本に行くなら新しいホテルではなく、真っ先に歴史的建造物に泊まりたい。現代ではどれだけお金を払っても造れない技術や素材が詰まっているから」

台湾の友人もその一人。台湾のなかでは、明治から昭和初期に至る日本統治時代の建造物がきちんと残されていて、いまも公共施設やカフェとして利用されています。煉瓦造りの重厚感ある洋風建築や、宮大工によって建てられた市民住宅など古きよき時代にタイムスリップできる場所なのです。

私も日本各地を旅するときは、よく歴史的建造物の旅館やホテルに泊まります。いわゆるクラシックホテルと呼ばれる高級ホテルなどでなくても、安価で泊まれる場所があるもの。全体的な建築様式もさながら、見たことのない美しい格子天井やアンティークのシャンデリア、巧みな技術で作られた欄間、モザイクタイルなど細部に感動したり、宿を探索して当時使われていた食器類や農機具などを興味深く眺めたり。その時代にタイムスリップするような非日常の空気感を味わえます。

大抵はご主人が、宿の歴史について丁寧に説明してくれるので、しみじみその価値を再確認。と同時に、保存に莫大な費用がかかることもわかり、「これは残してもらわねば」と微力ながら応援したいと思うのです。

昨今は廃校の学校などもゲストハウスになっていたり、建築学科の大学生が「時を感じる宿に泊まろう（ときやど）」というサイトを作っていたりして、歴史的建造物を探してみると、意外に身近に多くあると気づきます。

そんな重みのある空間に浸るひとときは、スクラップ&ビルドを繰り返す現代から時計を巻き戻して、本物の価値について教えてくれるのです。

60

哲学に親しんでみる

「哲学」というと、多くの人は「むずかしくて、あまり役に立たなそうな学問」と思うかもしれません。しかし、ソクラテスやプラトン、デカルト、ベーコンといった哲学者の名前は大学の教養などで知ってはいる。「むずかしそうだけど、知りたい」と考えている人も多いのではないでしょうか。

世界のエリートを養成する教育として、もっとも普遍的に行われているのが哲学教育です。欧州の多くの高校では哲学が必修科目で、私も知人から「私たちが自分の意見や美意識をもっているのは、哲学を学んだからだ」という話を何度か聞きました。どんな仕事や生き方をするにしても、人間の本質や倫理について考える「哲学」が土台にあるからこそ、さまざまなスキルが身につくというのです。

日本で「哲学」の土台が抜け落ちたのは、「哲学」を十分に理解しておらず、その必要性を認めていない、教える教師もいなかったからともいわれます。

ただ、仏教や儒教、武道、武士道など、東洋的な思想を学ぶ機会はあったのです。日本を代表する哲学者、西田幾多郎は「日本仏教思想と近代西洋哲学の融合」を構造化したといいます。ヘーゲルの弁証法が「対立する2つの考えの統合を繰り返すと、真理にたどり着く」と述べたのに対して、西田は「矛盾する2つの考えの対立を残したままの現状を受け入れて肯定する。それが悟りの境地に至る」という理論。難解ですが、これこそ日本人が禅において目指してきた思想なのです。

私は「一切皆苦」や「諸行無常」の仏陀の思想、「争わない」合気道の精神、千利休の「わびさび」「茶の道の七則」にある美意識にも共感を覚えます。

ぜひ西洋でも東洋でも、興味のある哲学に親しんでみてください。哲学はなにが正しいということはなく、自分と親和性が高いものと対話しながら自分に生かしていくことが大事。複雑化する現代社会で、哲学は心の拠り所となってくれるはずです。

第6章

センスのいい人づき合い

61

「気持ちよく話す」より「気持ちよく話してもらう」

基本的に、人は自分の話をするのが好きなのです。

本能的に「認めてほしい」「わかってほしい」と思っているので、自分の話をしているときは気持ちがいいもの。好きなこと、嫌いなこと、過去の栄光、自慢話、他人の噂話や悪口、仕事の愚痴、社会への不満など、自分の話したいことをペラペラとしゃべって、気づくと相手の顔がフリーズしているということもありがちです。

スマートな人は「お先にどうぞ」が基本マナー。なので、まずは「○○さんは映画が好きらしいですね。どんな映画を観るんですか？」なんて、相手を軸にして話を展開します。相手に気持ちよく話してもらい、表情が晴れやかになり、「この人と一緒にいると楽しい」と思ってもらえたら、こちらも嬉しいではありませんか。

そのためには、「話してもらうこと」。まずはこれだけを押さえれば大丈夫です。

自分のことを話すのを少し抑えるだけで、自然と相手に興味が向かいます。「この人は、どんな話題なら気持ちよく話せるかな」「どんな人なんだろう」「なにが好きなのかな」などと観察すると、質問がわいてくるのです。

相手に気持ちよく話してもらうコツは、「それはどうかな」「違うと思う」など話の腰を折らないこと。同意できなくても、わざわざ伝えなくてもいいでしょう。「そう思ったんですね」と否定でも肯定でもなく、認めるだけでいいのです。

もうひとつのコツは「合いの手」。民謡の合間に「ハイハイッ」と掛け声をするように、「それでそれで?」などのリアクションを入れると、相手も話しやすくなります。「そうですね」「それはいいですね」もいいのですが、「うわぁ」「ワクワクしますね」「すごい!」「びっくり」と感情を乗せると、さらに盛り上がるでしょう。

相手が気持ちよく話してくれると、相手もこちらの話を喜んで聞こうという態勢になります。じつはそれからのほうが、安心して気持ちよく話せるのです。

62

まず、自分から挨拶する

いつ、どこで、だれと会っても、自分からにっこり、「おはようございます」「○○さん、こんにちは」「お疲れさまです。よい週末を」というように、とびきり爽やかな挨拶をしている印象の人たちがいます。

そんな人には「年下から、あいさつするものだ」とか「あまり関わりたくない」といった心のわだかまりは見えません。苦手な人に対しても、「あいさつするのはあたりまえ」というように、ちゃんと顔を見て、自分からあいさつします。

ときには相手が素っ気なかったり、無視したりすることもありますが、それでもいいのです。といっても、自分が気持ちいいという自己満足でもありません。

相手から返ってくる反応で、「どうつき合えばいいか」、距離感がわかるからです。

なかには、こちら以上の笑顔で「あら、○○さん、今日もいい天気になりましたね」とか「こんにちは。いつ見てもおしゃれですね」なんて元気に返ってくることもあります。そんなときは、二言三言、雑談をして関係を深めるといいでしょう。

いつも元気な人が、その日に限って声が沈んでいることもあります。「調子が悪いのかな」と気に留めて、そっとしておいたり、気になったら、あとでさりげなくお茶に誘ったり……と、相手の状態がわかることで、スムーズにつき合える。相手に〝気〟を向けるから、〝気づく〟ことができるのです。

気を向けなければ、無視やぶつかり合いから「気をつけろ！」となるはずです。

挨拶はもともと「一挨一拶《いちあいいっさつ》」。禅の修行をするお坊さん同士が、相手がどのくらい悟っているかを確かめる禅問答からきています。当初のあいさつは真剣勝負でした。

すれ違う人でも「こんにちは」と、気にかけて声をかけた瞬間から、互いに影響し合う関係が始まります。自分からにっこり心を開いていることで、空気が変わり、相手の表情も変わります。せっかくなら、互いに心地いい関係を築きたいものです。

63

「私」を主語にしてほめる

13歳の読者から、こんな手紙をいただきました。

「私は以前、クラスメイトとのつき合いで悩んで、休んだり早退する日が多くありました。有川さんの本を読んで、つねに上機嫌でいようと決めました。すると、不思議に思うくらい、人のいいところが見えてきました。いままで冷たかった相手がやさしく接してくれて、こんなに変わってくれるんだ！とびっくりしました」

私はこの手紙を読んで、大げさなようですが、嬉しくて泣いてしまったのです。

「これまで仕事をしてきてよかった」と報われたように思いました。

この手紙は、私の本を「いいことが書いてあった」「わかりやすかった」とほめているわけではありません。主語は「私」で「こんなにいい影響があった」と素直な気持ちを伝えてくれているので、ダイレクトに響くのです。

私は両親からあまりほめられた記憶がないのですが、覚えているのは小学生のころ、母が夜勤のときに、私が夕飯のお皿を洗っていたら、翌朝、母から「疲れが吹き飛ぶくらい嬉しかった。あなたのおかげで30分多く眠れた」と言われたこと。「いい子だね」「偉いね」とほめるより効果があったようで、「そんなに喜んでくれるなら、またやろう」と、それからせっせと皿洗いをするようになったのです。

ほめ方にもセンスが表れるもの。「あなたがいると安心する」「会えてよかった」「一緒に飲むと楽しい」「尊敬する」「助かった」など、これらの主語は「私」で、存在そのものをほめる言葉。「やさしいですね」「スタイルがいいですね」「頭がいいですね」など「あなた」を主語に、なにかをほめられるのも嬉しいものですが、場合によっては批評されているようで心地悪く感じることもあります。

ほめることでいちばん得をしているのは、自分自身。相手のいいところを見ようとするので心が穏やかになり、相手の態度もやわらかく変わってくるのです。

64

みんなと仲良くしない

気持ちのいい人は、人づき合いがシンプルです。

人間関係で悩んでいるというイメージがありません。

誘われて、行きたかったら行くし、行きたくない、または都合が悪くて行けなかったら、あっさり断ります。ひと言でいうと、「無理がない」のです。

私たちは、子供のときは「友だちは多いほうがいい」、大人になっても「せっかくご縁があったんだから」と、人とのつながりを絶やさないようにします。

しかし、それぞれ成長したり、ステージが変わったりすると、つながる人が変わってくるのは必然。別れもあるし、出会いがあるのは自然なことなのです。

「親子だから」「長いつき合いだから」と情に縛られて苦しむ必要もありません。自分を苦しめる縁なら、苦しくないところまで遠ざかってもいいのです。

「なぜ人を嫌いになるのか」、それは自分が我慢しているからです。

これまで仕事を変え、住む場所を変えて生きてきましたが、残った友人は、無理をしなかった人ばかりです。自然に「会いたいな」と思ったら会うし、心に余裕がないときは何カ月も連絡をしないこともある。それでも、その人がどんな感性や思いをもって、なにを目指しているかわかり、深いところでつながっているような感覚がある……という人は、数人いればじゅうぶんではないでしょうか。

「群れない、慣れない、頼らない」とは日本画家、堀文子さんの言葉。私は職人ですから、新鮮な感性を失わないために、この三原則を絶対に守る必要があると。ガツンと叱られたようでした。自分らしい感性をほんとうに大切にしようとするなら、安易に迎合したり、留まったり、甘えたりしてはいけないのです。

自分にとってなにが大切かわかれば、おのずと人づき合いも絞られます。

まず自分の思いを大切にする人が、ほんとうの意味で人も大切にできるのです。

65

自分を、この世界のだれとも比べない

「人と比べない」、この一点で、生き方のセンスだけでなく、見た目のセンスや暮らし、仕事のセンスも磨かれるような気がします。

人と比べたり、競ったりするから、自分の感性とは別の方向に進んでしまうのです。いいえ、自分の感性さえもわからなくなってしまうといっていいでしょう。

文章もそう。能力のある人はある人なりのテーマや構成力、文章のうまさがあって、慣れていない人はつい、「すごいなぁ。それに比べて自分は……」と比べてしまう。どれだけやっても追いつかず、ますます落ち込む。

でも、本来は自分自身との闘い。自分だから書けるテーマがあって、いまもっている力と持ち味をフルに使って、伸び伸びと表現することで、中学生でも人の心を打つ文章は生まれるのです。

人と比較するなら、振り回されるのではなく、学びにしたり、「私もがんばろう」と励みにしたり、自分の成長のために利用するなら意味もあります。

人と比較するのをやめると、外側に向いていた意識が、ひたすら自分に向くようになります。ファッションであれば「自分はなにが好きか」「どんなスタイルだと、最高の自分になれるのか」と自分との問いを繰り返すうちに感覚は磨かれます。

「人は人、自分は自分」で生きるようになり、人づき合いも格段にラクになります。

嫉妬することもないし、他人の幸せを妬むこともない。「足りない」と嘆くのではなく、「私はじゅうぶんもっている」と自分に誇りをもてるようになります。

他人との比較で自分の価値を決めていては、一生、幸せにはなれないでしょう。

自分のことを、この世界のだれ一人とも比べてはいけない。自分を信じてやりたいことをやっていれば、「価値なんてあるに決まっている」という気分になるもの。

センスとは、自分自身と向き合うことでしか手に入らないのです。

66

近くの人に〝お福分け〟をする

「ミカンを実家からいっぱい送ってきたから、もらってね」

「おはぎをたくさん作ったので、食べていただけます?」

「庭のバラがたくさん咲いたので、よろしかったらお福分け」

ときどき、そんなふうにいただくと、嬉しいと同時に、〝お福分け〟という素敵な感性に触れて、ほっこりした気分になるのです。


〝お福分け〟とは、お裾分けと同じ意味で、もらったもの、たくさん得たものを、まわりの人に分けて差し上げること。お福分けのほうが、いいことがありそうなので、私もよく「はい、お福分け」というように使っています。

お福分けをいただくと、こちらもなにかあったときに……という気持ちになります。私もお中元でお菓子や洗剤をいただいたとき、農家で箱入りの果物を買ったときなどにお返しをします。初物のときは、一緒に食べることもあります。

都会ではご近所づき合いが希薄だといわれますが、人間関係は自分で築いていくもの。ご近所では声をかけづらくても、会社の同僚や、よく行く居酒屋やヘアサロン、サークル仲間などで、お福分けができるでしょう。

かつて引っ越し先でだれも知り合いがいなかったとき、近所のご婦人から「タケノコ、いる？」と声をかけられて、親しくなったことがありました。そこから長期不在時に宅配便を受け取ってもらったり、ご近所情報を教えてもらったり。私も粗大ゴミを運ぶのを手伝ったりと、だれか一人頼れる人がいるだけで心強いものです。

独り占めするより、だれかに喜んでもらったほうが、断然、嬉しい。「お福分け」という言葉とともに、ご近所や顔見知りとの関係を紡いでいた文化は、素敵だと感じます。「こんなもの喜んでもらえるかな」「失礼に当たらないかな」と心配なときは、最初に「○○があるんですけど、いります？」と聞くとスマートです。

67

ちょっとした会話から「貢献できること」を見つける

「それ、詳しい人がいるので聞いておきます」「その本、今度持ってきますね」「その店の情報、あとで送ります」というように、ちょっとした雑談のなかから、「貢献できること」を見つけて、さらりと実行する人は素敵だなと感じます。

わざわざなにかするのではなく、些細なことなので押しつけがましくなく、「ありがとう。助かった」で済む話。お礼を返さなければというほどでもありません。

そんな些細なことで、人はほっこり心があたたまったり、孤独感が和らいで、心強く感じたりするのです。なにかあったときは、こちらも相手のためになにかしてあげようと思うでしょう。

人間関係は、よくも悪くも、小さなことの積み重ねでできていくものです。好感をもっている相手なら手助けしたいし、多少のことは許容できるもの。反対に、小さなことでも嫌なことが重なれば、ぶつかり合うようになります。

本来、人間関係というのは、複雑なようで、意外にシンプルなものです。

なにかしてもらったら嬉しいし、なにかしてあげたい。

プラスの影響を与えることで、いい流れ、いい循環ができていくのです。

昨今は「それぞれ、自分のことは自分で」「余計なお世話はしないほうがいい」という風潮がありますが、単純に人の役に立てることは幸せなこと。そこからつながりも生まれます。心配なときは「よろしかったら、○○しましょうか?」などといったん聞いてから、相手に選んでもらうといいでしょう。

ただし、「やります」と言っておきながら実行しないのは、逆に信頼を失うことになります。「できないことは約束しない」のも、約束を守るコツです。

「貢献できることを見つける」という単純な習慣によって、どんな場所でも、どんな人とも、いい人間関係を築いていくことができるはずです。

68

なんでもない日に花をあげる

なぜサプライズが、これほど嬉しいのでしょう。予告されてプレゼントをもらう喜びと、なにも言われずにプレゼントをもらう喜び。

自分の予測と現実の差である〝予測誤差〟の差が大きければ大きいほど、喜びや悲しみが増大するという理論があります。つまり、驚きは〝予測誤差〟なのです。

そのことを感覚的に知っている人は、サプライズが大好き。しかも大げさなものではなく、相手の負担にならないプチサプライズを仕掛けます。

たとえば、なんでもない日に花を贈ること。大きな花束でなくても、1本だけでも、数本の束、小さなアレンジにしてもいいでしょう。

とくに、女性は花をもらうと、ほぼ全員が笑顔になるもの。母親や高齢の友人知人、女性同士でも喜ばれます。さりげなく相手の好きな花を聞いていたり、花言葉を調べていたりするのも、細やかな心遣いになり、盛り上げてくれます。

近しい関係なら、相手が欲しがっていたもの、食べたがっていたもの、読みたがっていた本などを取り寄せて、会うときに、こっそり持っていくといいでしょう。予告しないだけで、なぜか大切にされているように感じて、「覚えていてくれたんだ」と感動してくれます。

また、誕生日にレストランでデザートプレートにチョコレートでメッセージを書いてもらったり、シャンパンやワインを冷やしてもらったりする仕込みは、サプライズの鉄板。ですが、これも誕生日でないときにやると、意外に盛り上がります。「いつもありがとう」「目標達成おめでとう」など、理由はなんだっていいのです。

特別な日ではなく、なんでもない日に、ふと思い立ってプレゼントをする。

義理でもお決まりでもなく、ただその人の喜んだ顔を見たいからする……。そんな気軽なサービス精神は、回り回ってあたたかな人間関係をつくるのです。

69

歳の大きく離れた友人をもつ

「友だち」というと大抵は同世代で、同じような仕事や経済レベル、家族形態などで一緒にいることが多いようです。

しかし、私の知る大人たちは、年齢が親子ほど離れていても、なかには祖父母と孫ほど離れていても、友人関係を築いて、一緒に食事をしたり、一緒に趣味やスポーツなどを楽しんだりしていることが多いのです。

年齢や立場に関係なく、フラットに「彼女と話すと楽しいんだよね」「いろいろ教え合える」「互いにリスペクトして刺激がある」など友情を築いているのです。

70代のある男性が一緒にキャンプに行くのは、大体20代か30代。「同世代で話が合う人がいないんだよ。年齢は関係ない。年齢を感じるのはときどき飲みに行ってカラオケを選曲するときと、支払いを多めにするときくらいかな」と言います。

結局のところ、年齢ではなく、個人対個人の感性の引かれ合いなのでしょう。

歳の離れた人に「この人と友だちになりたい」と思ってもらうには、世代間を埋める魅力や感性と、「一緒にいて楽しい」と感じてもらうコミュニケーション力が必要。最初から「話が合うはずない」と心が閉じていたり、「自分たちの時代は」と上から目線だったり、逆に年下のほうが気を使いすぎては、仲良くなれません。

私も上にも下にも歳の離れた友人が何人かいます。知り合ったのは、趣味のサークルや友人のパーティ、仕事関係者のお母さん、前に近所に住んでいた人など、ひょんなことから。好きなものが一緒で情報交換ができる、知らないことを教えてもらえる、得意なことで助け合える、リスペクトし合える、元気をもらえる、成長を見守れるなど、なにかと頼りになる存在。もちろん、私も頼られる存在でありたい。

個人化が進み、家族や地域の基盤が希薄になった現代、個人対個人でつながることはとても重要。そのためには、感性を磨くことが求められていると思うのです。

70

なんでもないことに「ありがとう」

人間関係をスマートに築いていくための方法をひとつ挙げるとするなら、つねに「ありがとう」を伝えることです。「そんなに感謝することなんてない」と思うかもしれませんが、いつも、いつも、いつも、感謝するべきことは見つかるのです。

たとえば近所の人に「庭のお花に癒やされています。ありがとうございます」。家族が帰宅したときも「お仕事、お疲れさま。元気でいてくれてありがとう」。友人には「話を聞いてくれてありがとう」、苦手な後輩にも「資料、ありがとね」という具合。カフェの店員さんにも、宅配の方にも「ありがとう」を伝えます。

だれだって感謝されるのは大好き。「自分は役に立っているのだ」と存在価値を感じて、元気になれます。感謝してくれる相手にはもっと貢献したいと思うもの。

一見、あたりまえのことがいちばん尊いと気づくのが、感謝のセンス。見守ってくれること、友人でいてくれること、気にかけてくれること、理解してくれること、一緒に笑ってくれること、怒ってくれること……感謝はあふれているのです。

そんなふうに感謝を伝えていると、「人や環境に恵まれている」と気づき、心が満たされてきます。苦手な人にも「人間力を育ててもらっている」と感謝できるし、同僚と摩擦があっても「ま、いつもお世話になってるしね」とさらりと流せます。

そして、だれよりも感謝を伝えたいのは、自分自身。朝起きたら「貴重な命をありがとう。それを無駄にするつもりはありませんよ」と感謝。一日に何度も「おしゃれができてありがとう」「時間に間に合ってありがとう」と自分に伝えましょう。

「感謝」は最上級の肯定。感謝する習慣で、ものごとの捉え方がポジティブになり、前に進む力がわいてきます。感謝する人も、感謝される人も幸せになれるのです。

なにもないときや、つらいときこそ、さまざまな人やものごとに感謝する感性は、けっして忘れたくないものです。

71

「許す」より「気にしない」で終わらせる

「一生、許さない」という恐ろしい言葉を、何度か聞いたことがあります。

「夫が浮気をしたこと、一生、許さないから」「毒親にされたことは、絶対に許せない」「裏切った友人のこと、ずっと恨んでやる」というように。

じつは、私もそんな恨みを抱えてしまいそうになったことがありました。

でも、ある友人に言われたのです。

「ひどいこともされたけど、いいこともあったでしょう？　許せないなら、許さなくていい。でも、さっさと忘れて気にしないことね。相手はいま、あなたを傷つけているわけじゃない。あなたは思い出すたび、自分で自分を傷つけているのよ」

過去の記憶というのは、だんだん歪んでくるもの。そんな妄想のような記憶を反《はん》芻《すう》して、心ばかりか体まで蝕むなんてバカらしい。「そんなこと、気にしていないから」、そう言って前を向くことのほうが、人として美しいのではないかと実践してみたら、ものすごく気がラクになり、どうでもいいと思えてきたのです。

許すも許さないも、本来、人間が決めることではないのかもしれません。

人を平気で傷つける人がいたとしたら、それなりの人間関係、それなりの人生になっていくでしょう。すでに天から制裁を受けているようなものです。

私たちは家族や同僚などの心ないひと言や、失礼な態度によって傷つけられることがあります。言った人は気にしていなくても、言われたほうは許せなくて、つい嫌な言い方をしてしまうこともあります。そして、傷つけ合いの連鎖は続きます。

ときには「それは嫌」と冷静に意思表示をすることも必要ですが、言う必要はないとき、引きずるときは「もう気にしない」と、自分から終わらせましょう。

曇った心から、美しい言葉や行動は生まれません。「過ぎたこと」と自分の心をきれいにしておくことこそが、美意識の基本であり、プライドだと思うのです。

第7章

仕事だって
センスよく

72

「自分が喜ばれること」を考えてみる

「あの人は仕事のセンスがあるねぇ」「センスがないから、この仕事はやめたほうがいい」などと言うことがありますが、「仕事のセンス」ってなんでしょう。

どんな職種であっても〝センス〟は必要です。

たとえば、大工さん、エンジニア、スポーツ選手、教師、介護職、研究者、営業マン、事務員……それぞれに磨いてきた技術があるでしょう。

仕事のスキルがあるだけでは「センスがある」とはいえません。〝いい仕事〟としてアウトプットするためには、クライアントの期待を読む力や、期限や予算内で終わらせる力、まわりから応援してもらう力なども必要。自分で判断、調整してやり遂げる総合的な力を「仕事のセンス」と呼ぶのかもしれません。

誤解を承知で書くと、私は、仕事は「喜ばせごっこ」ではないかと思っています。

仕事は絶対にやらなければいけないことではなく、世界でいちばん面白くて、真剣になる遊び。「人をどれだけ喜ばせられるか」「感動させられるか」というゲームだと考えると、徹底的に相手の視点に立つので、自然にセンスは磨かれるのです。

最初は能力が乏しくても、鈍くさくても、だんだん成長して仕事の質が高まり、信頼や報酬がついてくる。仕事を通して人格形成や自己実現もできるでしょう。

反対に、仕事の本質がわからない人は、だれも喜ばないズレたことに時間をかけていたり、いちばん大事なポイントで手を抜いたり、権力におもねって方向性を間違ったり、傲慢になって学びを怠ったりと、いくつになってもセンスがないままです。

〝喜ばせごっこ〟は、人間の本質でもあります。私たちの命は、人に喜ばれることがいちばん嬉しく、生きがいになるのです。

「自分が喜ばれることってなんだろう」、そんなことから考えてみませんか？

そんなポイントに、あなたの「仕事のセンス」を磨く鍵が隠されているはずです。

73

書類は「A4用紙1枚」にまとめる

編集部の管理職の方が、こう嘆いていたことがありました。

「新人編集者に、本のタイトルを考えてくるように言ったら、『30個考えました!』って、分厚い書類を自信満々で持ってきたんだけど、使えるものが1個もない。分厚い書類=がんばっている自分、と子供みたいにアピールしたいのよね」

上司からすると、書類を読むのも、選ぶのもたいへん。「これはいい!」と感じるタイトルが2、3個あればじゅうぶんで、書類は数行で済むことなのです。

役所や企業、学校などの会議に参加することがありますが、一見、ちゃんとした組織ほど、会議の書類が膨大で、それを説明するスピーチも長い。専門用語で長々

としゃべられてもこちらの理解が追いつかず、「この会議は一体、なんのためにやっているのか」とわからなくなることさえあります。なにより、省エネの観点からも非効率。紙は意外に重く、持って帰るのも、保管するのもかさばるわけです。

書類の枚数が多い、話が長いというのは、センスのなさの象徴でしょう。「自分が伝えたいこと」をあれもこれもと盛り込むから話は膨らみ、脱線していくのです。できる人の書類は、大抵「A4用紙1枚」。企画書、報告書、資料など「1枚」という制約があるがゆえに、まず「だれのため、なんのための1枚か」を考えます。「相手が知りたいこと」だけを伝えようと、資料もスピーチも構成します。

受け取る側は「できれば簡単に私の知りたいことを教えて！」と望んでいるのです。とにかく「A4用紙1枚にまとめる」を繰り返していると、ほかの仕事も「だれのため、なんのため」から考えるようになり、時間をかけるべきことと、捨ててもいいことがわかるようになります。自分の時間だけでなく、仕事相手の時間も労力も節約することになります。センスというのは「なんでも自由に」ではなく、なにかの制約や目的があるからこそ方向が明確になり、研ぎ澄まされていくのです。

74

いまやっている職種の「一流」に会いに行く

もし、あなたがいまいる業界で、もっと上を目指したいと思うなら、手っ取り早いのは、「一流」といわれる人に会いに行って、その仕事ぶりを見てみることです。

一流の仕事人は、センスの塊ですから。どんなことが人を喜ばせ、人を感動させているのか見に行ってやろうではありませんか。

「自分なんか全然ダメだ」と一回、絶望してもいいし、「あの人ができるんだから、自分だってできるはずだ」と一回、勘違いしてもいい。でも、遅かれ早かれ、「いま自分は未熟だが、何年かかけたらたどり着くかも」とか「自分なりの方法でやってみよう」というように、現実的に自分の道を考えるようになります。一流を知っているのは、「なりたい自分」の地図を描くうえで、判断材料になるのです。

一流のセンスに触れるチャンスは、いくらでもあります。

時間とお金をかけて〝お客〟として会いに行ってもいいでしょう。

私はカメラマンをやっていたとき、ある雑誌の写真を見て「こんなにカッコいい写真を撮る人に会いたい！」と鹿児島から福岡まで会いに行き、数日間、仕事を見学させてもらったことがありました。世界の一流の写真が見たいと、各国のトップが集まる写真展を見にフランスまで行ったり、有名写真家のトークショーに観客として参加したり、別の撮影イベントではお世話係をさせてもらったり……。

一流がどんなふうに仕事をしているか見させてもらったことは、とんでもなく刺激になりました。そしてもっとも腑に落ちたのは、一流のセンスとは、天性のセンスではなく、計り知れない量の試行錯誤から生み出されたセンスだということです。

仕事のスキルだけでなく一流の人には人格、気遣いなどが備わっていることもわかります。一流に会いに行くのはひとつの〝投資〟。しかも、自分に吸収することで3年後、5年後、10年後、大きなリターンが確実に約束されているのです。

75

私の「人と違うこと」を意識してみる

人と同じことをすることで安心する気持ちは、だれにでもあるもの。会社でも学校でも「人と同じでなければ」という思い込みがあったかもしれません。

しかし、魅力のある人というのは大抵、個性的で、「同じことをするのはナンセンス」「はみ出し上等」という信念すら感じます。

仕事も「人と違う」からこそ、人に喜んでもらえると思っています。

「人と違う」といっても、特別なスキルや資格をもつことではないのです。

たとえば、職場に中高年女性が一人しかいないのであれば、「どうせ私は歳だから仲間外れ」といじけるのではなく、お母さんのように若者を見守り、ときには相談にのったりしていると、みんなに慕われます。

新人ならば「自分はなにもできない」ではなく、「新人だから気づいたこと」を提言して実行したり、だれもやりたがらない作業をやったりすると喜ばれるでしょう。

「私なんて普通の主婦ですから」と言う人でも、ＰＴＡで培ったコミュニケーション力、人脈、家事能力、子育ての経験などを掛け合わせると、できる仕事が見えてくるだけでなく、ビジネスを生み出せるかもしれません。

子育てで苦労した人、大人の発達障害がある人、依存症になった人、大きな借金を負った人など一見、ネガティブな経験から、人の力になれることもあります。

「私は普通の人間」と言う人は多いものですが、普通の人間なんて会ったことがない。だれのなかにも「人と違うこと」があるから、魅力的なのです。

「人と違う特性を生かして、できることをする」のは、人生において、とても意味のあることです。それが社会に貢献することでもあり、一目置かれて、居場所をつくることにもつながるでしょう。

あなたのなかの「人と違うこと」を財産として大切にしてください。

76

罪悪感をもたずに、長い休みをとる

「働き続けるためにも、長い休みをとることは必要」と言うと、「そんなに休めるわけない」「休んだらまわりに迷惑がかかる」などといった声が返ってきます。

しかし、休んだほうがいいのは、遊ぶためだけでなく、仕事のためでもある。同じ場所、同じ人間関係のなかに居続けては、思考も価値感も凝り固まるからです。

実際、育児休業や、コロナ禍のリモートワークで視野が広がったり、新しい学びや趣味を始めたりして、それが仕事にもいい影響を与えている人は多いようです。

日本人の休暇日数は、先進国では最下位レベル。フランスやドイツは1カ月の夏季休暇、アメリカでも1〜2週間ほどを数回に分けて休むといいます。

昨今は長期間勤務した者に与えられる1カ月から1年の「サバティカル休暇」をとる人が増えている印象。私の知人も数カ月ホテル勤務を休んで、世界のホテルを見て回っていました。互いにサポートし合えば、休めないはずはないと思うのです。

日本人には伝統的に「働くこと」への美徳感があり、「個」より「組織」を大事にする精神がありましたが、時代とともに休暇への意識も変わっています。

会社が一生面倒を見てくれるとは限りません。働く年数も長くなり、生きていくためには、もっと休みをとって視野を広げる必要が出てきたのです。

かつて会社員時代に、海外の写真展に行くため10日間の休みをとろうとしたとき、「前例がない」「みんなが困る」と、上司や同僚の猛反対にあいました。

「でも、私が休めば、みんなも休みやすくなりますよ」と言ったら、「たしかに」と賛成してくれる人が出てきて、反対勢力が沈静化。罪悪感をもつ必要はないのです。

堂々と休むためには、数カ月前から「休みます！」と宣言してしまうこと。「そんなに大事なことなのか」と思ってもらえれば、合わせてもらえます。

ただし、感謝はしっかり伝えて、人が休むときは喜んでサポートしましょう。

77

「なるほど、そうきましたか」とピンチにつぶやく

ピンチのときに人は劇的に成長し、感覚が研ぎ澄まされる……。そう痛感します。

週刊誌のライターをしていたとき、「数日かかって書いたパソコンのデータがぜんぶ消失。締め切りが数時間後に迫っている」という大ピンチが起こりました。

一瞬、「終わった……」と天を仰いだものの、嘆いている暇はなく、ものすごい集中力で書き直し、ギリギリセーフ。ほかにも講演のときに、話すことを書いたメモを忘れてきたピンチもありました。

そんなピンチとの向き合い方は、「深刻にならないこと」に尽きます。「もう最悪！」「嫌になってきた」「どうしよう～」などと言っていると、焦りが増してきます。

極端な話、「あー、命まで取られなくてよかった」などと〝もっと最悪の事態〟を考えると、心は落ち着いてくるはずです。

まず大きく深呼吸。そして、「はいはい、なるほどねぇ。そうきましたか」と努めて他人事のように飄々とつぶやきます。すると、自分でもびっくりするような神通力が降りてきて、目の前のことに集中できます。ここまでくると、まるでコメディ映画のように面白おかしく感じられて、笑いがこみあげてくることもあります。

じつは「面白い」という言葉、天照大神が弟の悪業に怒って、天岩戸に隠れた神話が起源とか。太陽神が隠れて、国中は真っ暗になり世が乱れてしまいました。残された神様たちは思案した結果、岩戸の前で笑いながら舞いを踊ります。そのあまりにも楽しそうな姿に、天照大神が岩戸の扉を開けて外に出てきたとき、世界は再び明るさを取り戻し、神々の顔（面）が白く照らされたことを意味しているのです。

ピンチで光が見えないとき、どうすれば光を取り戻すことができるか、1300年以上前の神話が教えてくれています。そう、ピンチのときは笑い、踊りましょう。困難を楽しみ、面白がったときに、最大の結果がもたらされるのです。

78

「今日やりたい仕事」ベスト3

センスとは、選択する力。仕事のセンスがある人とは、仕事が速い人やスキルが高い人を考えがちですが、それ以前に、仕事において「取捨選択できる」ということだと思うのです。

私たちの人生において、唯一平等なものは時間の流れです。

わかっている人は、「いちばん大事なこと」にいちばん時間を割いています。「なにをやるか」「なにをやらないか」を決めることは、仕事の基本といえるでしょう。

「目標に向かって一生懸命やっているのに、うまくいかない」

「余計なことばかりやって、ひとつも仕事が終わっていない」

そんな人は、優先することがわかっていても、イレギュラーな仕事で中断したり、横道にそれたり、途中で優先順位が変わったりしているのではありませんか。

私もそうなりがちなので〝時間泥棒〟に時間を盗まれないように、目に入るものを制限し、大きな字で「今日やる仕事」を3つ書いて目の前に貼っています。バカバカしいようですが、そうでもしないと、意識がほかの方向にいってしまうのです。

「これから30分は○○だけに集中」などタイマーを使って小刻みにやることを決めていく。邪念がわいてきたら「いまは考えない」と傍に置いて、意識を戻します。

大切なのは、時間の主導権を自分で握って「自分で決めたことをやる」ということ。仕事において時間をうまく使うということは、たくさんの仕事をすることではなく、自分が大切だと感じる仕事に集中して、それに熱中することなのです。

人生においても「やらなければ」と思い込んでいたり、なんとなく流されてやっていることが多いもの。「なにが自分にとって大切か」と優先順位を考えることで「生き方のセンス」も磨かれていくはずです。

優先順位を意識する習慣で、時間の主導権を取り戻そうではありませんか。

79

「人間というもの」を意識する

仕事のスキルが高いからといって、仕事がうまくいくわけではありません。

理屈っぽい人が言いがちなのは、「いいものを作っているのに、なぜ売れないのか」「正しい意見を言っているのに、なんで反対するのか」「自分はやるべきことをやっているのに、どうして足を引っ張る人がいるのか」といったこと。

しかし、できる人は、うまくいくかどうかは、理屈よりも感情が支配すると知っています。総じて「人間をわかっている」ということだと思うのです。

かつて企業向けの営業をしているとき、上司から「嫌いな人から、ものを買う人間はいない」と口酸っぱく言われたものでした。

「好かれなくてもいいが、嫌われることはしないようにしよう」と心に留め、相手から嫌みを言われてムッとしても、そのまま返さず、努めて淡々と振る舞うようにしました。すると、口の悪い人に限って、心を開くと面倒見がよくなるのです。

いい悪いより、好き嫌いで選ぶのが人間というもの。新しいことや正論には、ひとまず抵抗したくなるのも人間。自分のことしか考えない人に対して、足を引っ張りたくなるのも人間。多数になびくのも、矛盾だらけなのも人間……。「人間とはそういうものだ」とわかっている人は相手に期待しすぎず、現実的な対処ができます。

食品販売で大成功した台湾人の友人から、こう教えてもらったこともあります。「商売はシンプル。相手が求めるものを、相手が求めるタイミングで差し出すだけ」

ものごとがうまくいかないと考えているときは、「どうして〜〜してくれないのか」と相手に期待しているもの。そうでなく相手より、自分に期待する。人間というものを知って、「どうしたら〜〜できるのか」と寄り添い、自分のできることにフォーカスすることが、どんな仕事をするにしても〝勘所《かんどころ》〟になっていくのでしょう。人間を知っている人は、理論にも、感情にも、配慮しようとするのです。

80

「今日も明日もいい日になる」と信じて、ご機嫌に過ごす

自分の感受性くらい　自分で守れ　ばかものよ

これは、詩人、茨木のり子さんの「自分の感受性くらい」という詩の一節です。「なにかのせいにするな」と、ガツンと頭を叩かれるような言葉なのに、人間の弱さを包み込んで「あきらめないで」と元気づけてくれる深い愛情があります。

私はつらい出来事があって挫けそうなとき、初心が消えかかりそうなとき、心がパサパサに乾いているときなど、何十年もこの言葉に励まされてきたのです。

行き詰まっているようでも、一歩引いてみると、どこかに明かりが見える。どんなときも、どんな場所でも、平穏さを保つことはできる。自分の心だけはいつも自

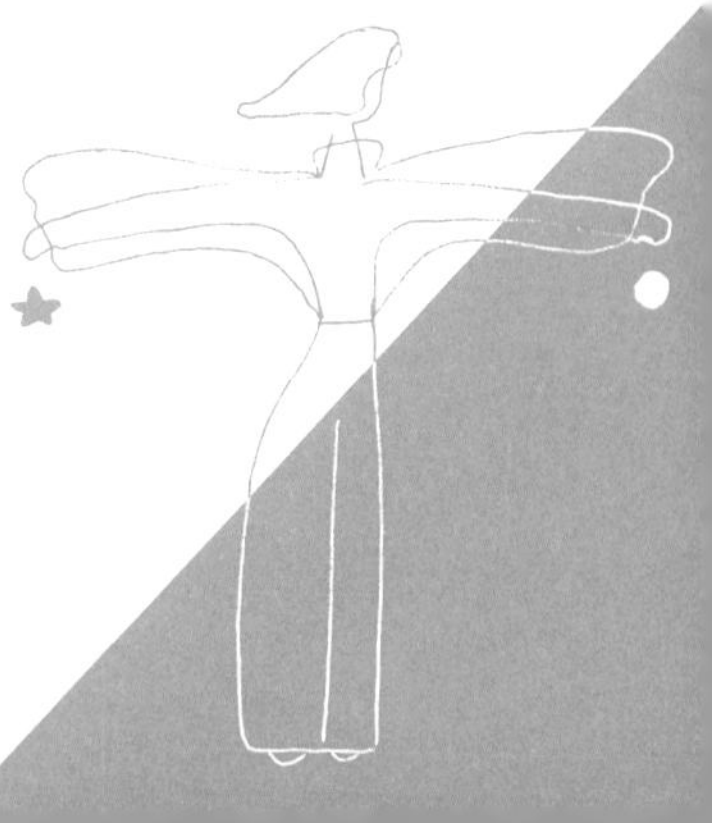

由でいられて、胸を張って生きていけるのだと。

仕事で目指すべきなのは、心をやわらかくして、よりよい答えを見つけること。たとえるなら、「材料がないから料理を作れない」と絶望するのではなく、いまある食材を使ってどう料理しようかと、想像してワクワクするようなものです。

いい仕事をする基本は、単純なことですが、心を明るくしておくこと。まずは「今日も明日もいい日になる」と信じて、ご機嫌に過ごそうではありませんか。

「あの人に喜んでもらうには」「もっといい仕事にするには」と試行錯誤を面白がる。「今日は一歩進んだ」「一日仕事ができてよかった」と足元の幸せに気づく……。そんなご機嫌な日々をミルフィーユのように重ねていくことこそが、たくましさになっていくことは間違いありません。

たくましさとは、強さではなく、しなやかさ。「人間は弱いものだ」という前提で、ワクワクする楽しさ、喜び、感謝を集めてご機嫌さに支えてもらうことです。

自分の心だけは曇らないように毎日を過ごせば、いいことも起こるでしょう。

仕事でも、暮らしでも、積極的に明るく生きることが土台になっているのです。

おわりに

「センスという漠然としたものを、言語化してみたい」、そう思ったところから、この本の企画が始まりました。

センスのよさというと、おしゃれな感性やスマートな振る舞い、スムーズなテクニックなど「うまいな」というときに感じるものですが、そこには一本筋の通った〝美しさ〟が内包されているような気がします。

そして、いい結果をもたらすだけでなく、その過程にワクワクとした好奇心や楽しさ、面白さを追求する気持ちがあってこそ、センスは生まれてくるものです。

センスは、苦しみや強引さのなかからは生まれてきません。魅力的な人たちは、ごく自然に「もっと素敵でありたい」「もっと人に喜んでほしい」「もっと楽しみたい」と欲するポジティブなエネルギーから、センスを生み出しているのです。

だれもが、それぞれのセンスをもっているはずなのに、隠れているとしたら、他人との比較や人の目によって、心の自由や自信を奪われているのかもしれません。

毎日の生活、人生においてセンスを磨いていくとは、心を健やかに保って、自分自身の美しさや可能性を追求していくことでもあります。

「迷ったときは、人として美しいほうを選ぼう」

それが、私がこの本を書いて得た教訓です。清廉潔白な人になるということではありません。欠陥や矛盾の多い人間でも、自分なりの「こうありたい」という基準をもち、「よりよく」と近づこうとすることが、美意識や自分らしい味わい、「センスがいい」と感じる生き方」になっていくのではないでしょうか。

「毎日を笑って過ごそう」とするのも、ひとつの美意識。そこには喜びや楽しさだけでなく、小さな痩せ我慢も含まれています。

日々の小さな「よりよく」は積み重なると、感じのよさや信頼になり、生きやすさにつながるでしょう。

あなたを幸せに、そして美しくしてくれる「センス」をぜひ磨いてください。

今日も明日も、すばらしき日々の旅を。

有川真由美

プロフィール

有川真由美

作家、写真家。鹿児島県姶良市出身。台湾国立高雄第一科技大学応用日本語学科修士課程修了。化粧品会社事務、塾講師、衣料品店店長、着物着付け講師、ブライダルコーディネーター、フリー情報誌編集者など、多くの職業経験を生かして、働く女性のアドバイザー的存在として書籍や雑誌などで執筆。46カ国を旅し、旅エッセイも手がける。著書に『一緒にいると楽しい人、疲れる人』(PHP研究所)、『いつも機嫌がいい人の小さな習慣 仕事も人間関係もうまくいく88のヒント』(毎日新聞出版)、『「気にしない」女はすべてうまくいく』(秀和システム)など多数。

装画・イラスト	庄野紘子
装丁	小口翔平＋畑中 茜＋村上佑佳(tobufune)
校正	小出美由規
編集	佐藤弘和
DTP	株式会社センターメディア

センスいい人がしている80のこと

発行日　2024年7月10日　初版第1刷発行
　　　　2024年8月30日　　　第2刷発行

著者　有川真由美

発行者　秋尾弘史
発行所　株式会社 扶桑社
〒105-8070
東京都港区海岸1-2-20　汐留ビルディング
電話 03-5843-8842(編集)
03-5843-8143(メールセンター)
www.fusosha.co.jp
印刷・製本　タイヘイ株式会社　印刷事業部

定価はカバーに表示してあります。
造本には十分注意しておりますが、落丁・乱丁(本のページの抜け落ちや順序の間違い)の場合は、小社メールセンター宛にお送りください。送料は小社負担でお取り替えいたします(古書店で購入したものについては、お取り替えできません)。

ISBN 978-4-594-09641-0